AF377896

ALEXANDRA RHEIN

Au Bon Endroit au Bon Moment

NOUVELLES

Alexandra RHEIN- NORMANDIE CAEN 14
ISBN : 978-2-9579244-0-0
Dépôt légal : Juillet 2021
Imprimé à la demande par Amazon
Et disponible sur tout autre site

Alexandra RHEIN est née en septembre 1979 à Rouen. Après un Deug d'italien, une Licence de sciences de l'éducation, et différents voyages à l'étranger, elle a suivi une formation d'Educatrice. Elle s'est consacrée durant plus de dix ans à l'accompagnement d'enfants et leur famille. Puis est devenue formatrice pour les travailleurs sociaux et s'est formée à la Thérapie Intégrative. Riche de ces multiples rencontres et passionnée par l'écriture, elle permet la rencontre autour de réflexions dans le domaine des relations humaines.

Liens :
www.facebook.com/AlexandraRhein14
alexandra.rhein14@gmail.com
www.alexandrarhein.fr

Auteur de :

QUELQUES LIGNES EN PARTAGE (2005)

ENTRE LES MOTS (2008)

AU BON ENDROIT AU BON MOMENT (2010- Republié en 2021)

Participation à L'ALMANACH DE 366 AUTEURS FRANCOPHONES (2020)- Edition SéLa Prod

AU-DELA DES APPARENCES… Se cachent d'autres réalités (2021)

« Je cherche ceux qui n'exigent pas que je prenne la forme qu'ils ont sculptée, car ils savent que je briserai le moule. J'étreins ceux qui m'étreignent telle que je suis, fluide et insaisissable, changeante dans mon éveil et brûlant du feu de ma passion, m'élevant vers ce pour quoi je suis née. »

Ara

Merci à vous qui faites partie de mon chemin ou qui le croisez...
Vous êtes mes inspirateurs, mes donneurs de sens...

Je pourrais essayer de vous planter un décor, y mettre des dorures, des fleurs, des couleurs, une entrée en scène et tout ce qui constitue certaines normes d'écriture sauf que je sais juste cueillir et déposer l'inspiration telle qu'elle arrive.

L'émotion impulsivement, le ressenti sincèrement !!

Les fioritures sont parfois les bienvenues et même vivement recommandées mais j'avoue que je passe souvent du temps à les débusquer pour parvenir à l'essentiel. Cet essentiel qui me fait vibrer, me parle, me happe. Je vais donc vous épargner ce travail, et faire dans le « minimaliste » !

Je n'ai pas le talent de la forme littéraire politiquement correct et je vis plutôt bien sans ! Mon écriture a la naïveté et la simplicité de la sincérité, de la liberté d'oser, d'exister. Elle est en évolution comme je le suis parce que la vie m'enrichit, me fait grandir, me peaufine…

Pour proposer un décor autour de ces mots qui jaillissent, il faudrait que je travaille et s'il y a bien un domaine dans lequel je ne travaille pas, c'est celui de l'écriture… J'écris c'est tout !!! Mon décor, c'est ma feuille, mon stylo, ma tête, mon corps et mon cœur. Et je suis une nouvelle fois ravie de vous accueillir entre ces lignes, au sein de ces voyages ponctués de mots et d'émotions…

Parce que la pudeur isole parfois, parce que j'ai envie et besoin d'oser être et de le dire, je me permets ces mots...

Parce que le silence peut étouffer, parce que je ne suis pas en vie pour me sentir seule, parce que vivre c'est accepter d'exister dans le regard des autres, et bien plus encore… Alors j'ose ces mots…

Parce qu'écrire, c'est s'exprimer, parce qu'être lue, c'est exister, parce que raconter l'humain c'est le rencontrer, alors j'ose ces mots…

Sans filet, sans faux-semblants, en toute sincérité, j'écris. Et je partage avec ceux qui le voudront aussi. Parce que la vie m'apparaît plus agréable avec le partage… Tout simplement.

Parce que je me sens particulièrement en vie quand on se reçoit, quand on se lit, quand on s'entend, alors j'ose ces mots…

Reflet de mes forces et de mes faiblesses, de mes doutes et de mes envies, de ce qui fait de moi un être simple et complexe à souhait.

Espérant atteindre cette part d'humanité loin de toute pudeur, de toute protection, de cœur à cœur, d'émotion à émotion…

Bienvenus...

C'est un livre de Rencontres…
De « Vous » à « Moi » en passant par
« Nous»… Et « Toi » !
Vous vous reconnaîtrez… sans doute !
Tu te retrouveras…probablement !
Vous vous projetterez… peut-être !

Qui suis-je ??

Un peu de tout ce que la vie m'offre et me reprend aussi. Un mélange entre mes propres filtres et toutes ces personnes que je croise, qui me remplissent ou me vident. Je suis celle qui est toujours là où on ne l'attend pas… Je suis la TEMPERANCE apparente et la PASSION intérieure… J'aime les nuances mais ne supporte pas les demi-teintes... J'aime les idées tempérées mais je ne sais pas donner et vivre à moitié… J'aime l'absolu, donner sans retenue, recevoir sans crainte, aimer éperdument, croire aveuglément… Je doute pour avancer, jamais pour freiner… Je suis une femme qui a pu souffrir, mais dont les blessures n'ont pas entamé la capacité à s'engager, aimer, donner, prendre des risques…

J'aime les richesses INTERIEURES… Les humains qui ont de jolies choses derrière le masque… J'apprends à apprivoiser mes questionnements, à solidifier mes fondations pour ne pas trop vaciller quand cela tangue… Je vis, je souris, je pleure, je ris et crie (souvent en silence, défaut de fabrication !), je suis bouleversée parfois, je soigne mes plaies avec attention, je m'extasie, je savoure, je m'émeus, je parle, j'écris, je réponds, je raconte, j'écoute, j'entends, je vois et perçois, j'accepte, je comprends…

Je suis les yeux clairs de mon père, le profil de ma mère, la force de ma grand-mère, la tendresse de mon grand-père, l'âme de ma tante, la volonté de je-ne-sais-qui et les réactions de personne… Je suis celle que l'on recherche souvent et que l'on évite parfois… Celle qui fascine et qu'on fuit aussi (2ième effet Kisscool !!)… Qui pense que l'altruisme est vraiment plus épanouissant que l'égoïsme…Qui n'aime pas trop dire « non » mais qui se soigne… Qui regrette souvent que le silence soit d'or…

J'AIME, au sens fort du terme, juste pour le plaisir du bien que cela fait… Pour cette chaleur qui envahit partout et rend vivant… J'aime la fidélité dans tous les domaines et la pratique comme une évidence… J'aime avoir une place et l'honore toujours du mieux possible… J'aime la légitimité et fuis le mensonge… J'aime les MOTS, les messages échangés, les EMOTIONS qu'ils transportent… Les « J'ai envie de te voir », « Je pense à toi », « Je suis là », de ceux que j'aime… J'aime pouvoir aimer ouvertement et être reçue… J'aime ne pas connaître mes lendemains, quand tous les possibles sont encore possibles, quand ma PLUME participe à l'écriture de ma vie… Quand mes mains ont le champ libre d'expression…Quand elle rencontre les tiennes… J'aime les terrains connus, la routine à quatre mains, quand 1 et 1 font 3 (Toi, Moi et Nous)… Les gens réceptifs et bienveillants… qui assument leurs fragilités et prennent soin de leurs forces… J'aime tellement les dialogues vifs et pertinents… Pure jouissance…

J'aime l'enthousiasme et la PAIX intérieure… J'aime quand tu arrives et ne repars pas… Quand tu m'accueilles…J'aime participer au bonheur des gens… Les regards qui se troublent quand l'émotion est reine… Quand mon sang circule aisément dans mes veines comme l'encre sur le papier… La POESIE intérieure… Les jolies rencontres qui marquent le chemin ou le modifient… Quand il y a un avant et un après… J'aime les bras enveloppants et sécurisants, les caresses sur le visage, les MAINS qui dessinent, qui se serrent, les corps qui s'enlacent pour se soutenir et s'échanger les meilleures énergies… J'aime les oreilles attentives et respectueuses… La sagesse et la tempérance, la VOLONTE et la détermination… La cohérence…

J'aime imaginer vos yeux sur ces lignes… Quand mes mots vous font tomber le masque pour permettre la RENCONTRE… J'aime mes diverses boîtes remplies de nos mots entrelacés… Les photos qui figent à jamais ces instants précieux que la vie offre… Les nuages, les lueurs et ce qu'ils me renvoient… J'aime quand je te sens tout près… J'aime votre bonheur, vos sourires, vos plaisirs… J'aime quand je peux aimer à temps, tout le temps, pour LONGTEMPS… J'aime me sentir en évolution, être qui régresse parfois puis fait d'incroyables bonds… J'aime les transmissions, le partage, la continuité… Les souvenirs…

Et encore tant de choses… J'étais hier, je suis aujourd'hui et je serai demain… un fil conducteur à la main, flexible et rempli de tolérance pour laisser libre cours à toute EVOLUTION, tout changement… avec la volonté de toujours rester FIDELE à ce que je suis, à ce qui me ressemble, me rassemble et m'accomplit… dans ce corps de simple humaine que je suis…

Et plus que tout, j'aime être et me sentir
Au Bon Endroit au Bon Moment...

Et vous ? Qui êtes-vous ???

C'est bien plus souvent le chemin à parcourir qui m'importe. Il a davantage de poids et de saveur que le point d'arrivée, la destination. Les chaussures qui me transportent ne sont pas encore trop usées, il est fort probable que même si j'en prends soin, elles seront usagées à la fin de ce chemin de vie. J'aurais certainement la satisfaction d'être arrivée, mais le temps où mes chaussures me tenaient bien aux pieds, chaudement et solidement sera révolu.

Parce que chaque période a ses bonheurs et ses avantages, je prends le temps de les savourer à chaque instant... et ne laisser aucune place au regret.

Je m'évertue alors à ce que mes rêves ne restent pas timidement enfouis au fond de moi. Parce que les rêves d'un jour peuvent être la réalité du lendemain.

Avec cette conscience que même les rêves ne sont jamais parfaits, qu'ils exigent parfois des sacrifices, et j'en accepte volontiers les conditions !

Slamistiquement correct : Donner, recevoir, entendre, écouter, exprimer…

Je ne considère pas l'impudeur comme indécente mais comme générosité.

Au détour d'une conversation passionnée, on me dit :
— *J'aimerais bien découvrir le Slam, mais je ne veux pas entendre tout et n'importe quoi, je veux voir une vraie scène, un truc bien, où il y a du talent !! Je ne veux pas perdre mon temps !!!*
— *Impossible… Le Slam c'est comme une boîte de chocolats, tu ne sais jamais sur quoi tu vas tomber. C'est la surprise, la découverte, l'improvisation… Du merveilleux à l'ennuyeux, Du claquant au fade… C'est la magie de la vie, de l'inattendu, de la diversité… Une soirée peut en cacher une autre mais jamais ressembler à la précédente !! Tu y trouves de tout, mais jamais de riens ! C'est une scène ouverte à tout et tous, si tant est que tu aies des choses à dire, à exprimer… Avec tes mots, ton corps et souvent ton cœur comme fil conducteur. Et puisque nous sommes des êtres de langages, on s'exprime en parlant ou en recevant. A l'origine, on ne vient pas voir des gens, on vient entendre des émotions. Sur l'affiche, n'est pas inscrit le nom d'un artiste mais « Slam, scène ouverte » sous-entendant : « émotions, plaisir, peur, solitude, joie, bien-être, rages, espoir, amour etc ». Et c'est cela que les gens viennent rencontrer, portés par différentes plumes, différents mots et lexiques. Certains te touchent, d'autres t'insupportent,*

mais rarement te laissent indifférent. Et toutes les émotions par lesquelles tu passes, te rappellent à quel point tu es vivant.

Il y a des émetteurs et des récepteurs, des expéditeurs (des plus doux aux plus agités) et des destinataires (présents ou imaginés). Même si tu viens avec un masque, il y a toujours un moment où tu te sens à nu face à tout ce qui est dit, suggéré, montré, déposé ou balancé ! Les gens défilent sur ces minis-planches de bois, faisant office de scène, nommés personnellement par les slameurs-fils rouges ! Ils attrapent verbalement · par la main, présentent chacune des personnes, imposant le respect de chaque univers, chaque message. Ils te happent symboliquement ou physiquement, proposent l'applaudissement comme accompagnateur jusqu'à la scène, trouvent toujours le mot juste pour faire taire les bavards ! Telle une farandole, ils tendent la main, la saisissent, la lâchent pour laisser place à la liberté d'expression, ou la tiennent avec bienveillance quand les mots bloquent, puis accompagnent la sortie. Tous se tiennent respectueusement par le lien des mots ! Les gens viennent s'exprimer et s'écouter, s'entendre, se recevoir, se respecter !

Est-ce idyllique et merveilleux ? Uniquement fait de vertus et de douceur ??

Bien sûr que non ! Il y a de vives douleurs, des mots revendicateurs, des hurlements, des larmes et des sourires aussi, de l'humour, de l'autodérision, de la tendresse, de l'amour, des espoirs...

Bref, des humains et de la vie ! Avec des peurs, des doutes, des envies, des forces et des fragilités ! Au cœur des émotions avec des gens de tout âge, assis par terre, dans des fauteuils (roulants parfois) ou debout... Pendant des heures...

Ma scène à moi, elle est faite de papier, j'y monte avec ma béquille : mon crayon ! Mon encre, c'est ce qui me constitue profondément en tant qu'humaine. Avec mes premiers, seconds et quinzièmes degrés. J'y dépose sensations, émotions, sentiments, humeurs, m'acceptant ainsi à l'instant même où l'expression se fait pressante, posée, réfléchie ou impulsive. Apprivoisant le miroir que vos retours me proposent, et l'effet figé à jamais sous forme de livre, telle une photo de mots.

Tout comme sur les scènes Slam, je donne sans jamais savoir ce que vous recevrez (« *Je sais ce que je donne/ Pas ce que vous recevrez / Ce ne sera que la somme / De nos ressentis entremêlés »)* parce que chacun a sa part de chemin à faire, prenant la direction qui lui convient le mieux, qui lui parle le plus (*"En tant qu'humains avisés / Vous êtes libres de dire Non / A ces lignes d'émotions"*).

La scène est ouverte tant pour y entrer que pour en sortir. Il y a de la liberté d'expression, d'être et d'agir ! Avec pour seule base commune, le respect ! Hormis en payant des séances de thérapie, où trouve-t-on de l'espace pour s'exprimer et être entendus dans ce que nous avons de plus précieux, les tréfonds de nos ressentis, de nos pensées ?? Espaces de libre expression et lieux de libre écoute. Dans un espace confiné, où il fait souvent trop chaud ou trop froid, où il y a rarement assez en chaises pour tous... Les gens se tassent pour s'écouter, s'entendre, se recevoir !

Est-ce accessible à tous ?
Je ne le crois pas... Bien au-delà des cultures, éducations, milieux sociaux, il faut surtout avoir accès à sa

part intime pour que le courant passe, que la source coule, que le fluide transcende, que la magie opère. Au risque de passer et n'y apercevoir que des personnes diverses et variées, entendre des mots parfois à peine audibles ou compréhensibles, ni lumière, ni paillettes, dispersés de part et d'autres, ne sachant pas toujours si la soirée a commencé ou non. Il n'y a pas de décor hormis celui que toutes ces personnes réunies créent ensemble. Derrière cette écoute apparemment dissipée, il y a des connections, des admirations, du courage, du respect, de l'empathie, des sensibilités, des blessures et des joies. Il faut avoir envie de se connecter à cette part profonde en soi pour y percevoir la richesse de la forme et du fond ! Il s'agit de l'art de sublimer la vie et les émotions qui l'habitent, les mettre en mots, leur donner un sens, les rendre compréhensibles, accessibles, visibles… L'art de sublimer les détails !

C'est permettre la rencontre, pas seulement avec l'autre mais surtout avec soi ! L'émotion des autres vient cogner sur la sienne, vient réveiller ce que l'on n'ose pas toujours laisser exister, on en repart libérés de nos maux par les mots des autres, ceux qui osent, qui disent, expriment, existent !

Sapés ou simplement vêtus, beaux gosses ou inaperçus, enfants ou doyens, sur pieds ou sur roues, aisés ou démunis… nous sommes tous pourvus d'émotions et de ressentis, de cette matière qui coule dans nos veines. Tout simplement humains ! C'est au cœur de l'humanité que je viens m'installer quand je pose mon jean sur ce sol au milieu de ces gens. Je viens vibrer, tomber amoureuse, être piquée et rire. Je viens réactiver toutes ces cases émotionnelles qui sont en moi, qui me constituent en tant qu'humaine. Je viens provoquer des flashs internes de lumières, parfois la lumière reste allumée un instant puis s'éteint jusqu'à la prochaine rencontre émotionnelle, au prochain regard, au prochain mot, au prochain choc épidermique… parfois elle perdure !

Personne ne s'interroge sur qui il est, ni d'où il vient, mais tout le monde est pourtant invité à s'exprimer et être entendu, sans censure ! Au cœur de ces lieux géographiques si dénoncés, mettant en évidence les pierres précieuses. Il suffit d'ouvrir les bonnes portes, celles que l'on a au fond de nous et qui conditionnent notre regard sur le monde, les mots, les gens. Il n'y a pas de juste, pas de faux, il y a ce qui touche ou pas, ce qui happe ou laisse indifférent, mais tout a sa raison d'être et tous l'acceptent en tant que tel ! Ce que ces personnes donnent dans ces brefs instants qui deviennent des heures, c'est un morceau d'eux et à travers leurs mots, c'est eux que l'on respecte. Il n'y a pas de fautes, il n'y a que de la sincérité qui ne peut pas être fausse ou alors elle n'est pas !

On peut arriver vêtu de méfiance, de réserve, mais quand on laisse la magie opérer, quand on baisse les armes, alors le sang coule librement dans les veines, bien sûr que le parfum est parfois acide, mais il est parfois extrêmement bon et doux. Et au final, s'exprimer et être entendu, n'est-ce pas ce que nous espérons tous, avec nos mots, notre corps, nos mains, nos regards, nos sourires, nos larmes ?! De cette fresque de mots déposés, il en résulte un joli espace de réceptivité. Chacun avec ses propres filtres.

Je dépeins le décor mais je ne peux en raconter la pièce qui s'y joue, parce qu'elle est chaque fois différente et que chaque récepteur est subjectif. De ces soirées, nous nous faisons chacun nos propres spectacles internes… Liberté d'expression et liberté de ressentis. Des mots qui sortent comme des monologues mais à visée fédératrice… Pas de simples mots balancés égoïstement pour se soulager mais pour rencontrer, pour exister au sein d'un monde. Et comme pour tout, il y a ceux qui prennent du plaisir seul, qui se soucient peu du plaisir de l'autre et ceux qui sont transcendés par le partage, le plaisir reçu et donné, l'échange. Des inconnus, d'abord les uns à côté des autres, puis peu à peu les uns avec les autres. Des inconnus qui font partie de la même famille, l'espace d'un instant… La famille des émotions ! C'est cela l'univers Slam dans mon regard de F'âme…

C'est se sentir Au Bon Endroit au Bon Moment…

« L'é-crit »

Je suis venue ici
Jusqu'à l'autre bout de Paris
J'ai sorti le plan de métro
Mappy.fr et ses infos

J'étais venue découvrir un autre univers
Je suis repartie tout sourire
La tête et le cœur plein de vers

(Mais sans trinquer
Parce que je n'avais pas osé parler !)

J'y ai trouvé chaleur humaine
Des regards, une écoute, une ambiance saine
Où les gens se déplacent et s'entassent
Réchauffés par les mots et leur syntaxe

J'y ai rencontré toutes ces valeurs
Qu'on peine parfois à trouver
Mais qui font chaud au cœur
De la simplicité, du respect et des tonnes de saveurs

Cela respire la diversité
Les bras ouverts de générosité
Les gens s'expriment et sont entendus
Parce qu'ici tout le monde est là pour se souhaiter la bienvenue

Je me suis sentie moins seule
J'avais envie de dire MERCI
Merci de donner la parole
Pour qu'on se sente unis

Merci Karim, Jacky, Fabien pour votre accueil chaleureux
Pour vos regards qui brillent de rendre les gens plus heureux
Vous utilisez de jolies armes
Et faîtes couler les bonnes larmes

D'émotion, de bien-être, de plaisir partagé
L'union de tous ces maux
Rend le cœur plus léger

Les mots sont forts et puissants
Vous les utilisez avec talents
Pour adoucir les mœurs
Et ouvrir les portes d'un monde meilleur

Happée par votre univers
J'ai fait une bien jolie découverte
Je suis ravie d'être venue jusqu'ici
En plein cœur de St Denis

Et si vous le permettez
J'ai bien l'intention de revenir
Pour me remplir de tas de souvenirs

L'é-crit ça fait du bruit
Si on ose et si on dit
Tout simplement MERCI !!!

Il y avait beaucoup de monde ce soir-là et peu d'espace mais, comme toujours, tout le monde avait une place ! Les gens se sont tassés, entassés, décalés, acceptés, respectés. Les soirées sont parfois insipides, longues ou totalement étonnantes et pleines d'imprévus. Elles sont rarement banales ! Ce soir-là, j'y ai vécu un moment magique, un court instant, une étincelle, une rencontre à part, une voix, une oreille, un souffle, une écoute, de la confiance. Lui, je ne connais pas son visage, j'étais derrière lui, je n'ai vu que ses épaules, ses jambes, ses mains peu dociles. Il était mi-assis, mi-allongé, complètement emmuré dans ce corps dont la seule mobilité se trouvait dans les roues de son fauteuil, porté par une enveloppe physique qui ne répondait à aucune commande.

Lieu d'expressions, c'était son tour, il avait la parole. Dans un stress sans nom, il a courageusement tenté de dire ce texte qu'il avait dû dicter et qu'une main empruntée avait dû retranscrire. L'émotion, l'appréhension, le manque de visibilité empêchaient ses mots de sortir de ce seul organe physique encore en fonction : sa bouche. Ses yeux s'embuaient, il ne parvenait pas à lire cette feuille qu'on lui tenait et les mots restaient bloqués entre deux respirations de plus en plus rapides et saccadées. Respectueuse de ce temps d'adaptation et de cette nécessité d'apprivoiser le stress avant de se lancer, j'ai attendu. Puis je me suis penchée derrière lui, au creux de son oreille, et je lui ai murmuré à voix basse chacun de ses mots. Phrase après phrase, il répétait à voix haute ses propres mots que je lui soufflais. Ce sont alors entremêlées nos émotions dans cette collaboration improvisée, inattendue. Il ne percevait de moi que le son de ma voix et mon intention, je ne connais pas son visage, il ne connaît pas le mien, nous nous sommes brièvement rencontrés dans un échange d'émotions !

Emmuré dans ce corps qui ne répondait à aucune commande, nos regards se sont justes croisés quand la personne qui guidait son fauteuil l'a emmené et tourné. Il m'a alors regardé et nous nous sommes mutuellement remerciés des yeux pour cet instant magique…

C'est aussi cela se sentir Au Bon Endroit au Bon Moment…

Quand je l'ai vue la première fois, j'ai pensé comme la majorité des gens, qu'elle était jolie. Je ne savais pas encore pourquoi elle l'était réellement, en revanche, j'ai su dès le premier instant combien cette rencontre m'apporterait, compterait et déterminerait mon parcours, mon futur, ma vie. Il ne m'a pas fallu plus d'une minute pour réaliser que ses atouts se situaient bien au-delà de son enveloppe, de son sourire, de sa moue, de son regard de côté. Elle était comme un courrier que l'on reçoit, qui promet un contenu totalement insignifiant ou en totale harmonie avec la qualité de l'enveloppe. Elle avait choisi son camp, elle était harmonieuse ! A la hauteur de l'espoir et même au-delà. C'est exactement ce que l'on appelle une Rencontre... ma Rencontre, mon Evidence ! Impossible à partager, je la voulais singulière, unique, aucun mot ne pouvait être à la hauteur de cette rencontre, toute explication l'aurait banalisée et je ne l'aurais pas supporté. Je l'admirais, elle était mon Amie, la meilleure, ma pureté, mon intelligence, mon envie de me perfectionner, de lui plaire, de ne pas la décevoir, d'être là, d'être son unique comme elle l'était pour moi. Non je ne voulais pas me partager, tout comme je ne voulais pas la partager, ni physiquement ni sentimentalement. Elle était mon histoire, j'étais la sienne. Dangereux et parfois douloureux sans aucun doute mais sincère, tellement intense et fondamental.

Elle m'a aimée telle que j'étais, n'a jamais cherché à me changer, j'étais moi et elle trouvait cela très bien. Avais-je une réaction excessive ? Elle me reconnaissait et n'en attendait pas moins. Avais-je des révoltes, des incompréhensions ? Elle laissait passer l'orage, l'acceptait et me proposait autre chose sans jamais refuser mes états d'âme. J'étais moi et elle m'aimait pour cela. Etre soi : une des plus grandes quêtes ! Le meilleur moyen d'y parvenir et certainement d'être aimé pour cela, que l'on n'attende rien d'autre de nous que d'être nous-mêmes. Elle m'a ainsi aimée à chaque instant et avec elle j'ai appris à accepter d'être moi.

Quand je l'ai rencontrée, je n'avais pas la faculté d'aimer les gens simplement comme elle le faisait. Je les aimais pour ce qu'ils pouvaient devenir, pour ce que je pressentais en eux. Comme bien des gens, je n'aimais les autres que dans leur changement, leur capacité à évoluer. Je réprésentais alors l'agitation quand elle n'était que douceur, discrétion. J'étais la révolte face à la sérénité. Je proposais la révolution partout où je passais, quand elle vivait dans une paix intérieure naturelle. Je parlais, débattais quand elle réfléchissait ou se perdait dans ses pensées. Elle ne me comprenait pas toujours mais peu importe, elle n'avait pas besoin de cela pour m'aimer. Je pestais parfois qu'elle ne se donne pas davantage les moyens de me suivre dans mes questionnements, mais je n'oubliais jamais le bonheur qu'elle m'apportait de m'aimer pour ce que j'étais en dehors de nos différences. J'ignorais avant elle que c'était possible. Tout nous séparait pour finalement mieux nous réunir, nous unir. On se regardait grandir, évoluer, espérer, on se regardait mutuellement vivre, dans des échanges de mots, d'émotions, de sentiments pendant des jours et des nuits ou en étant tout simplement l'une à côté de l'autre, l'une avec l'autre. Les opposés qui s'attirent, qui s'admirent, et se complètent. Une rencontre équilibrante, pleine de bon sens et de sentiments profonds.

Elle a allumé une lumière tamisée quand j'étais dans le noir, elle a entrouvert des portes dont j'ignorais l'existence, elle a apaisé mes incompréhensions, mes craintes, la brutalité de mon décor. Elle s'est contentée d'être elle-même et de me l'enseigner malgré elle, en ouvrant tout simplement une porte qui ne s'est jamais refermée. En m'invitant dans son univers, elle a bouleversé le mien… Profondément, éternellement. Elle et tout son décor m'ont appris à vivre autrement, à aimer autrement…

Etre là à chaque étape de vie, me conseiller seulement quand je suis prête à entendre, ne jamais faillir et surtout toujours m'aimer pour ce que je suis à ce moment-là, sans me juger… C'est ce qu'elle a fait !

Elle représente alors aujourd'hui l'estime que j'ai de moi, elle est ma meilleure guide, ma meilleure alliée. J'espère être toujours à la hauteur, surtout ne jamais la décevoir, qu'elle soit fière de moi et qu'elle puisse continuer de m'aimer comme je suis. Même si je lui en veux parfois de ne pas être plus présente, peut-être parce que je n'ai pas encore cette capacité d'aimer comme elle, sans en attendre toujours davantage ! Cette relation est ma base de vie. Elle est ce qui m'a rendue vivante et pourtant…

Elle m'a accompagnée et m'accompagne toujours partout, elle m'a remplie autant qu'elle pouvait d'un sentiment sincère, loyal, honnête, simple. Elle m'a toujours aimée pour ce que j'étais moi, et m'a permise de me rencontrer moi-même en ôtant la sévérité de mon auto-critique, de mes révoltes, de mes incompréhensions. Voilà des années qu'elle n'est plus présente physiquement à mes côtés parce qu'elle est partie dans un ailleurs, mais tout ce qu'elle m'a transmis est bel et bien présent à chaque instant de ma vie. Elle m'a honorée de sa simplicité, de sa sincérité, de sa sérénité, j'essaie de poursuivre notre chemin, mon chemin à l'image de notre histoire, pleine de respect, de sentiments puissants. Elle m'a remplie durant des années précieuses, me transmettant même la capacité de me servir de cette matière pour honorer la vie qu'on lui a prise à elle mais qui est toujours en moi. Bien sûr, elle me manque cruellement à chaque pas que je fais mais je sais également à chaque seconde de vie pourquoi je l'ai rencontrée…

Elle est ma Fée, posée là sur mon épaule… Jamais très loin… Elle brille toujours… cela brûle parfois très fort mais cela éclaire toujours…

L'inattendu bienvenu...

Allongée sur l'herbe au milieu de la foule éparpillée ici et là, protégée dans ma bulle d'écriture, il est subitement venu s'asseoir près de moi. Surprise par son arrivée soudaine et nerveuse mais peu étonnée par son envie de parler d'inconnu à inconnue.

— Bonjour, est-ce que je peux vous parler ? Je ne viens pas vous draguer, j'ai juste besoin de parler à quelqu'un !

C'était vrai, il ne cherchait pas du tout à me plaire, il avait juste besoin de me parler de lui, d'elle ! Il ne s'adressait pas seulement à moi en tant que femme mais en tant qu'humaine. Alors il m'a tout raconté, sa peur de la perdre, ses erreurs, son mensonge, son envie de trouver les mots justes, ses craintes, son amour pour elle, tout ce qu'il avait compris, sa difficulté à lui exprimer. Il a interrogé la femme que j'étais pour mieux comprendre la situation, pour trouver des clefs, pour éclairer la zone d'ombre dans laquelle l'homme qu'il était, se noyait. Il m'a parlé puis écouté, il s'est entraîné à dire, à oser, s'est rempli puis est reparti chargé de tout cela, rassuré, remotivé, plein d'énergie me remerciant au loin tout en courant vers ses lendemains !!

Dans un sourire ému, j'ai murmuré un merci discret qui s'est envolé tant il était déjà loin ! Sans autre intérêt que le partage d'humain à humain, il m'a également connectée à l'essentiel ! Je ne sais plus du tout à quoi il ressemblait, je me souviens juste de la vulnérabilité dans son regard et de son sourire en partant. Merci pour cette confiance accordée et bonne route à toi l'inconnu…

« L'été »

Sensations agréables sur fond de brouhaha ambiant
Toutes les langues sont mélangées, des rires au chant
Il y a des couleurs, des sourires, des tissus légers
Derrière nous, les mois sombres, on voit régner l'été

Les nuages dansent sans jamais le masquer
Il le voile partiellement d'un blanc immaculé
La peau, les odeurs tout est lumineux
Même ce doux vent qui traverse les cheveux

Il est grand, il est fort, le soleil est roi
Loin des tristes ombres, il impose ses lois
Il chauffe, il enveloppe d'une sensation exquise
Accompagné par la douceur de la bise

Les gens trinquent, se promènent, chahutent, jouent
Tout paraît plus léger sous ces couleurs franches
Les gens sont de sortie, il y a des enfants partout
Les fines bretelles ont remplacé les manches

Ça sent le monoï et les crèmes acidulées
Les peaux sont moins farouches sous leurs nuances
teintées
On se touche, on s'allonge, on rit aux éclats
Loin des mois d'hiver où chacun est chez soi

C'est un pur bonheur, quand le climat est bon
Qu'on goûte les saveurs de cette belle saison
Ça rappelle qu'après l'ombre il y a toujours la lumière
Qu'il faut attendre patiemment que passe l'hiver

Pour savourer ce que réservent les lendemains
Le ciel bleu, le soleil et les rires des gamins
Ressortir les robes légères, les projets lumineux
Pour danser à nouveau sur un air joyeux

C'est l'été et c'est bon de se sentir vivant
De partager des sourires dans ce bien-être ambiant
Le soleil va se coucher, mais on se retrouvera
Au son des guitares autour d'un feu de bois…

Se croiser, se rencontrer et se trouver...

Il envoie un message, disant qu'il s'ennuie là où il est, sous-entendant sans le dire qu'il est disponible, prêt à partir, à me rejoindre. Me passant ainsi le relai des mots pour que je l'attire à moi, l'invite, l'attende. C'est exactement ce que je voulais. Qu'il vienne, qu'il ait envie de cesser son action pour entrer dans la mienne, qu'il quitte un endroit pour me rejoindre, qu'il me choisisse. Il arrive, extrêmement beau, sapé et fier de l'être tout en transportant tout de même avec lui cette réserve qui le caractérise si bien. Cette éducation de la tempérance qui lui donne le charme de l'inaccessibilité. Il est très tard, c'est la nuit, je ne suis plus apprêtée contrairement à lui mais comme toujours les premières apparences n'ont que peu d'importance lorsque nous sommes ensemble, nous parlons le même langage... Et c'est tout ce qui compte ! On se rencontre chaque fois sans se chercher et on se trouve toujours... Comme une évidence ! On se distribue à tour de rôle dans une équitabilité incroyable des morceaux de vie, des jets de lumières, des éclairages, des regards sur le monde, sur nos mondes. On s'admire et sans se le dire, on se remercie d'exister ! On s'éclaire, on se porte par nos mots, nos échanges. Tout s'enchaîne toujours dans une incroyable fluidité, les sujets abordés nous emmènent parfois dans des ressentis viscéralement piquants, profonds, troublants, déroutants, mais il n'y a jamais de violence dans nos mots ni dans nos tons. Nous sommes tous deux posés, tempérés dans nos passions. Implication extrême sur fond de tempérance. Nous allions sensibilité, douceur, regard, sourire, réserve, plaisir. Puis nous nous quittons maintenant toujours le fil rouge de nos mots qui vont passer et repasser dans nos têtes, nos corps et nos cœurs encore pendant des heures, des jours voire davantage. Comme si nos mots échangés nous accompagnaient à chaque pas. Avant de partir, nous nous serrons mutuellement très fort. Non pas l'un contre l'autre mais l'un avec l'autre. J'ai l'impression de serrer un arbre, sa vitalité, son essence, son énergie, sa sève. Il me régénère, me ressource, permet à mon sang de repartir à grands flots.

Ces rencontres sont des trésors, chaque fois confirmés… Nous nous trouvons toujours sans jamais nous chercher… Comme une évidence ! Nous nous déposons mutuellement de petites pierres précieuses, discrètes et qui ne brillent que sous nos regards. Nous les découvrons ensemble, au contact l'un de l'autre, quand nos deux présences créent la magie. Et de ce cadeau, nous prenons soin, nous le respectons et l'honorons. Telles deux bulles de savon qui, en se rencontrant sans éclater, ne font qu'une l'espace d'un instant magique et protégé, puis se libèrent à nouveau portées par le vent, la vie, l'inspiration, chargées de tout ce que cette fusion a permis et légères de bien-être.

Telles deux branches de lierre qui s'entrelacent, se portent pour grandir, font naître de nombreuses petites pousses qui deviendront grandes. Sans tuteur. La force, l'énergie et la vitalité de l'un servant l'autre ! C'est ce qui s'appelle une jolie rencontre, un cadeau, un trésor, une main…

On se quitte en se trouvant chaque fois mutuellement beaux du bout de l'âme jusqu'au bout des mots… C'est un bel endroit, un beau moment…

Au gré des hasards…

Quai du métro, deux heures du matin… Il s'est approché de moi, m'a toisée de la tête aux pieds et a dit : « 1m75 ? ». Il avait raison j'avais trois centimètres de talons. Ces yeux embués d'alcool m'auraient effrayée il y a si peu de temps encore. Il venait de finir sa gamelle sur le quai, sur ce siège qui était devenu son salon sous l'écriteau "Strasbourg St Denis". Il s'est recoiffé tout en me parlant et me regardant. Regard flou mais respectueux, il m'a demandé comment je m'appelais, il a trouvé cela très joli comme prénom. Lui c'était Bruno... Rmiste. J'étais habillée tout en blanc, couleur estivale sous la chaleur étouffante de cette nuit de Juillet. Il m'a demandé si je partirais en vacances avec lui s'il était riche !? J'ai souri, attendrie. Il a dit "Sans argent, on ne fait rien". J'ai acquiescé et approuvé évidemment… Impossible de dire le contraire à un homme sans domicile et pourtant une profonde conviction que l'argent ne fait tout de même pas tout. Il m'a dit que j'étais vraiment belle... Je l'ai remercié et nous avons également parlé de la richesse intérieure. Il m'a regardé, il a trouvé cela intéressant ! Et à l'approche du métro, dans un élan sans compromis, il m'a fait quatre bises franches et décidées. J'ai été surprise et cela m'a fait rire !! J'avais commencé par un pas en arrière, et je finissais par des embrassades !! Je suis montée dans le métro qui me prenait au passage pour m'emmener vers ma vie, mon chez moi, mon intérieur, mon présent et mes lendemains. Il m'a fait un grand signe de la main comme s'il m'avait raccompagnée sur le quai de la gare après une visite chez lui et nous sommes chacun retournés à nos vies avec le sourire. J'ai dit « Bonne nuit Bruno »... Il m'a remerciée…J'ai eu moi aussi envie de lui dire merci…

Lors de cette chaude nuit parisienne, j'ai croisé bon nombre de regards alcoolisés qui m'ont tous trouvée charmante. Nulle déduction hâtive s'il vous plaît, l'alcool n'est pas seul responsable de ces remarques !! J'étais vivante, c'est tout... Souriante et sereine... J'ai pu les rencontrer tels qu'ils étaient... Pas de fuite, pas de peurs excessives. De simples humains au même endroit au même moment qui ont échangé un instant de vie. La liberté de se croiser puis se rencontrer juste un court instant...

Échange d'énergies...

Mon téléphone bipe, je lis :
— *Est-ce que tu es là ?*
— *Emotionnellement ou physiquement chez moi ?*
—*Les deux.*
—*Alors viens, je t'attends...*

Je me relève, rassemble mes cheveux éparpillés et l'attends sereinement pour l'accueillir tout entier, son visage, son silence, ses mots, ses pensées, ses questionnements, ses doutes et ses envies. Il arrive, me regarde et me serre contre lui, comme pour s'enfouir dans des bras de bienveillance, de tendresse, d'Amour. Il avait besoin de cette présence, besoin d'être reçu, attendu, enveloppé, compris. Besoin de se remplir, de repartir chargé de cette paix et cette passion qui m'entourent et m'habitent. Il a eu raison de venir. Il me regarde alors longuement et me demande comment je fais !
— *Comment je fais quoi ?*
— *Pour donner avec tant d'évidence sans te sentir vidée.*

Je lui souris tendrement :
—*Parce que tu me remplis aussi. Quand tu viens frapper à ma porte, tu m'accordes une confiance et une place incroyables. Et parce qu'en te connectant ainsi à moi, toi aussi tu me donnes et me reçois !*
— *J'ai tellement l'impression de prendre, de me ressourcer, de me remplir...*
— *Et je t'en remercie tellement fort. Ce qui me vide c'est de donner dans le vent, d'envoyer quelque chose que la*

personne ne serre pas contre elle, qu'elle laisse à l'abandon, qu'elle n'honore pas. En prenant ce que je te donne, tu permets ce fil rouge entre nous, tu crées le lien et alors l'énergie va et vient et l'équilibre se fait avec évidence.

— C'est peut-être juste une différence de conscience. Toi tu sais ce que tu donnes, tu cibles, tu t'adaptes... Moi je ne saurais dire ce que tu reçois de moi.

Il baisse les yeux vers le sol et m'écoute attentivement.
— Je reçois ta confiance, ton envie, ta reconnaissance, ton humanité. Ce n'est pas parce que tu ne sais pas nommer ou expliquer que tu ne donnes pas. Je reçois ce que tu es. C'est la magie de la rencontre, de l'échange, du partage. Nous trouvons chacun notre essence. En arrivant affaibli, tu m'obliges à activer mes forces, à me recentrer sur l'essentiel, à retrouver l'énergie.

Il me regarde à nouveau, me sourit, ému, comme pour accepter mes mots, mes explications, mes raisons... Et repart quelques heures après, rempli, plus vivant, plus léger. Je ferme la porte derrière lui, derrière son regard aimant et pétillant, je souris de bien-être, repars également allégée vers la chambre mais accepte rapidement l'idée que je ne pourrais pas me rendormir maintenant. Il fait nuit noire mais je suis réveillée, absolument éveillée. Nous nous sommes mutuellement remis en route, debout sur le chemin. Bien sûr il faut un début, un qui commence par donner et l'autre qui reçoit puis peu à peu l'échange se fait de façon fluide, évidente. Parce que la vie offre des moments magiques, précieux, puissants. Quand les êtres peuvent se dire mutuellement : Merci d'exister !

Au gré des croisements…

Cela avait commencé par une rencontre inattendue et sans but précis. J'étais allongée sur l'herbe au milieu du mouvement estival, feuilles et crayons pour alliés. Il venait de loin en marchant, s'est arrêté à mon niveau, a baissé les yeux, m'a regardé un moment et s'est finalement décidé à me demander si j'étais écrivain !? J'écrivais effectivement… J'ai souri. Il m'a parlé de ses mots à lui, de son projet, de ses passions, de ce qui le poussait à aller dans cette direction, de son envie d'atteindre son but : être authentique ! J'ai écouté respectueusement comprenant sa volonté, même si l'authenticité m'apparaissait bien plus comme un chemin qu'une finalité en soi. J'ai dit quelques phrases qui me semblaient anodines mais qui ont résonné très fort en lui. Il a été surpris et a longuement réfléchi. C'est toujours très étonnant et enrichissant de voir combien une même situation ou un même mot peut être éclairé différemment, en fonction des sensibilités. Inspirée par ce sujet venu à moi sans prévenir, j'ai laissé les mots sortir et joué le jeu de cette rencontre inattendue :

— Votre manière de considérer l'authenticité comme un but à atteindre m'apparaît étonnante et encore davantage l'impression qu'une fois le but atteint, il ne reste plus rien à faire ! C'est comme si une personne infirme disait :" Je vais tout mettre en œuvre pour récupérer ma capacité de marcher, mais dès que j'aurais la possibilité d'être debout, j'aurais atteint mon but et alors que me restera t'il ??". Et bien, il restera tout : marcher, courir, découvrir… VIVRE

!!! Il y a la base, reste à s'en servir pour construire et poursuivre son chemin !! A mon sens, l'authenticité se peaufine, s'éloigne parfois, puis se réajuste, comme une mise au point à faire perpétuellement, face à ce que la vie nous offre ou impose. Je vois l'authenticité comme une vérité fluctuante propre à chacun. Ce qui est juste aujourd'hui pour moi ne le sera peut-être pas demain parce que mes besoins, mes envies, mes aspirations évoluent avec le temps et se modifient. L'authenticité est, à mon sens, l'honnêteté avec ce qui nous caractérise à un moment donné, mais cela ne signifie pas que cela se fige ainsi pour toujours. Au contraire, c'est accepter qu'en tant qu'humains, nous sommes en perpétuel mouvement. Il y a bien sûr un fil conducteur, sinon ce ne serait que le reflet d'une instabilité. Mon bien-être me vient en partie de cette acceptation : je sais ce que je suis aujourd'hui, ce dont je suis capable ou non, mais je ne présage pas de l'avenir. Les limites que j'ai aujourd'hui ne seront probablement pas les mêmes demain et il est possible aussi que j'en perde au profit d'autres. Je suis sereine parce que j'accepte le mouvement, le changement, la part d'inconnu. Ma sérénité me vient probablement de ma capacité à accueillir et m'en saisir en tentant de me respecter autant que possible »

Je vois à son visage qu'il réfléchit, intériorise, va chercher très loin en lui :

— *Je viens juste de réaliser que je n'étais pas moi, que ce n'était pas mon chemin, que je répondais à d'autres demandes et attentes que les miennes. Quand l'avez-vous compris, vous êtes si jeune ?*

— *Je crois que je l'ai toujours su. J'ai toujours su que j'avais une vérité intérieure qui n'était pas forcément celle que l'on attendait de moi. Vous luttez pour vous retrouver, moi j'ai lutté pour ne pas me perdre !*

Il me regarde bouche-bée puis son regard part dans le vague. Il est concentré sur ce qu'il vient d'entendre et l'effet que cela a sur lui. Je ne dis rien, je le regarde un peu puis accueille l'écho du silence. J'attends, je sais qu'il va poursuivre.

— Mais alors que vous reste-t-il à faire si vous avez atteint le but, il ne vous reste plus rien !!

Je suis vraiment étonnée par cette vision mais je la trouve intéressante. Etonnante parce que l'authenticité, comme il la nomme, m'apparaît comme le début de tant de choses. Je lui dis que cela me fait penser à ces personnes qui espèrent rencontrer l'âme sœur, qui sont vivants tant qu'elles sont dans cette quête puis qui ont l'impression d'être arrivées et d'avoir atteint leur but quand elles l'ont rencontrée, comme si cela leur paraissait être une fin en soi alors qu'il reste tout à faire, honorer, savourer, alimenter, faire perdurer. Je poursuis posément mais toujours avec passion :

— Pour moi, si c'est effectivement une quête, c'est également une base sur laquelle tout peut se construire, en aucun cas la touche finale ! La sensation que toutes les portes s'ouvrent et que le spectacle peut commencer ! Vivre pleinement en accord avec ce qui nous convient n'est pas une finalité, mais un moyen de nous réaliser, de nous accomplir. Le but étant d'être heureux, il n'y a pas de meilleure manière de faire, il y a juste celle qui nous correspond.

— Ainsi la vie serait comme un chemin au cours duquel on se déshabille, on ôte le vêtement des influences extérieures pour découvrir son authenticité personnelle !?

— L'authenticité ne m'apparaît pas dans le fait d'être à nu, mais dans le fait de porter les vêtements qui nous correspondent. Un enfant m'a dit un jour : "Pourquoi quand maman a froid, je dois me couvrir ?". C'est très juste ! Pourquoi ? Parce que les gens nous imposent leurs filtres, leurs façons de fonctionner. L'authenticité revient à mes yeux, au fait de porter ce qui nous correspond dans le respect de ce que nous sommes en tant qu'individu singulier et non en répondant uniquement aux besoins des autres. Ainsi je ne crois pas que le but soit d'être totalement dénudé, sans rien porter sur soi (je crois d'ailleurs que ce serait illusoire, et même dangereux !). Par contre, il est possible qu'il faille parfois en passer par le déshabillage de ce qui nous a été imposé avant de pouvoir enfiler les tissus qui nous correspondent !

J'ai l'impression de déposer des petites bombes, je le vois intérioriser, avoir envie de parler, ouvrir la bouche puis la refermer comme si les mots ne sortaient plus. Après des minutes de silence où il me regarde, disparait partiellement dans ses pensées et me dit :

— C'est incroyable, vraiment ce que vous dites est incroyable ! J'ai l'impression que vous avez commencé par la fin et en même temps vous me paraissez si sereine, si tranquille.

— Je le suis majoritairement... c'est vrai !

Il me fait sourire tant il est concentré et appliqué, alors que je ne fais qu'écouter mon intuition et m'y fier. Il cherche une vérité générale, je ne peux que lui proposer la mienne :

— *Chacun a sa vérité, son mode de pensée, son rapport aux autres, au monde. L'être humain est en perpétuel mouvement, je crois qu'une vérité type le figerait et lui ôterait toute sa richesse. La sérénité est ce qui permet de se sentir bien avec ces mouvements, ces fluctuations. A mes yeux, la sérénité est le symbole de l'acceptation, elle est ce qui permet d'accueillir, de cueillir, acceptant ce que la vie propose et impose, en toute conscience que l'on ne maîtrise pas tout et que c'est très bien ainsi.*

Pris dans le piège de sa pensée de « buts à atteindre », il me dit (avec un peu de panique dans le regard) :

— *Mais alors si vous avez atteint tout ça, vous êtes là pourquoi ?*

Je le regarde étonnée, il s'explique :

— *Je suis là pour devenir moi, pour ne plus me laisser conditionner par ce que l'on attend de moi... mais vous pourquoi vous êtes là alors ?*

J'étais posée sur l'herbe en train d'écrire, j'étais sortie pour être au milieu des gens et parce que j'aime lorsque les rencontres inattendues sont propices. Finalement, j'étais sortie pour le rencontrer lui sans le savoir, sans le connaître, sans le revoir... Juste pour cet instant d'échange, ces petites pierres déposées mutuellement pour favoriser la réflexion.

Je poursuis la conversation, je distille doucement. Il me dit qu'il se prend des claques. Je le vois à son visage. J'attends un peu, je lui demande s'il va bien et s'il veut que je poursuive !? Je sais combien notre propre vérité peut venir bousculer celle de l'autre. Secoué mais enjoué, il répond « Oui évidemment, c'est énorme, incroyable ». Bien que je retienne mes mots, je sens qu'il a eu sa dose, qu'il a largement de quoi faire avec tout ça… et c'est réciproque d'ailleurs !

Je le regarde, lui souris et lui dis :

— *Et maintenant, à votre question de tout à l'heure, « Pourquoi suis-je là ? », vous avez votre réponse ?*

Il est bousculé, mais plutôt souriant. Il acquiesce de la tête.

— *Pour attraper des mains, les saisir, les tendre, partager, sentir, donner, recevoir… Pour être vivante, pour exister. Tentant la juste dose entre mon authenticité interne, celle déjà acquise et celle que demain me permettra de découvrir.*

… Et là j'ai vu son regard, son positionnement, le son de sa voix, son attitude changer… Le moment où l'être bascule dans la fragilité. La vulnérabilité qui assaille quand naît la sensation que l'autre devient essentiel à son équilibre et que l'on a plus envie de faire sans ! Pendant ces deux heures de conversations informelles, inattendues, il était passionné et passionnant, intéressé et intéressant, enthousiaste et réactif… Il est soudainement devenu fragile, sentant probablement que la conversation prenait fin. Il signifie à demi-mot qu'il aimerait bien me revoir :

— *Vous faites confiance au destin et vous accueillez ce qu'il vous propose mais vos perceptions émotionnelles doivent aussi laisser place à des décisions intellectuelles ! »*

— *Entièrement d'accord ! Il y a ce que la vie offre et ensuite la façon dont nous nous en saisissons ou non. Ce sont comme des mains qui se tendent et que nous percevons, regardons, attrapons, tenons… par envie et choix. Le destin ouvre la porte mais il faut faire nous-mêmes des pas pour franchir le seuil ! »*

Il a envie de me dire qu'il voudrait bien me revoir, je le sens, je le vois. Je ne lui laisse pas l'illusion de cela, je sais que je ne suis pas là pour remplir son vide mais je sens aussi qu'il trouvera la clef, tout comme je l'ai fait. Rien n'est réellement le fait du hasard, et cette rencontre portera ses fruits comme d'autres l'on fait tant de fois avec moi.

Et la vie continue… parce que la vie continue toujours !

Aller voir une personne inconnue, extérieure, la payer pour qu'elle écoute, qu'elle autorise à tout dire, à être soi-même sans effrayer, sans crainte de faire fuir ou d'être jugé. La payer pour qu'elle n'ait pas le droit ni le devoir d'abandonner. La payer pour qu'elle reçoive physiquement, intellectuellement, psychologiquement. Devoir payer pour être entendu et reçu peut paraître étonnant, nous devrions nous apporter ce bien-être entre amis, en famille, sauf que ce n'est pas si simple. L'intime et le ressenti sont parfois bien difficiles à exprimer et si violents à recevoir, alors je me réjouis qu'il y ait des personnes capables de recevoir. Payés ou non, peu importe finalement. L'essentiel est qu'elles existent et qu'elles aient la capacité d'être présentes au moment où nous sommes prêts. Payées pour être disponibles !

Combien souffre de l'indisponibilité d'autrui ? Indisponibilité physique, morale, intellectuelle, spirituelle, sexuelle ? L'indisponibilité régit une bonne partie de nos souffrances. Ces gens que l'on paye sont disponibles pour nous écouter et nous entendre ! Aller vers eux nécessite de se rendre disponible pour soi-même et c'est souvent déjà un grand pas. Je sais que je gagne un temps précieux en parlant avec cette personne que je paye pour cela. Mes phrases ne lui semblent pas étranges, et même si c'est le cas, elle est là pour les entendre. Alors plutôt que taire mes ressentis, je les accepte, les observe, les affronte, les mets en lumière pour qu'ils cessent de provoquer de l'ombre…

Que peut-elle pour moi ?

Me délester des poids qui alourdissent le quotidien, faire des doutes, des craintes, des angoisses un moteur, reconstituer mes parties morcelées, m'accompagner vers le mieux-être…

Pour toutes ces fois où l'on doit se taire faute de ne pouvoir être reçus, je la remercie bien souvent d'exister…

« Tenu ma main »

Pour mieux supporter l'absence
Besoin de donner un sens
A ces douleurs récurrentes
A ces déchirures si brûlantes

Vous teniez ma main si fermement
Vous pansiez mon cœur si simplement
Vous étiez ma personne ressource
Quand la vie était une douloureuse course

Je venais remplie de mes douleurs
Je me tordais, vous receviez ma pâleur
Et toute cette violence
Qu'occasionnaient mes souffrances

La seule personne pleine de disponibilité
Pour en bénéficier, je payais
Et vous m'avez fait tellement de bien
Vous avez si consciencieusement tenu ma main

Je n'envisageais pas de vous quitter
Cet espace, ce temps, je l'attendais
Il m'a rassuré bien des fois
Quand la vie me semblait une si dure loi

Chaque fois que ça brûle fort
Je pense à vous
Quand j'ai mal, je me tords
Mais je tiens le coup…

A Francesca C.

Avant de disparaître trop subitement, vous m'avez dit : *« Les gens comme vous, un jour, sont là, à ma place, sur ce fauteuil »*.

Cette phrase a eu l'effet d'une autorisation puissante, d'une porte qui s'ouvre sur un monde évident… Et je l'honore depuis, avec beaucoup d'engagement et de respect. Merci…

Elles aiment se retrouver entre f'âmes où s'entremêlent perspicacité, naïveté, sensibilité, ressentis profonds, humour féminin, altruisme, bienveillance, souvenirs à remémorer, à créer. Chacune avec son histoire, ses limites, ses excès mais avec cette même base commune d'être des femmes dans des corps, des pensées, des envies de femmes. Elles se comprennent, s'entendent, se respectent, s'allègent, rient de leurs souffrances, arrivent parfois fâchées et repartent allégées d'être femmes au milieu de toutes ces femmes. Inutile de s'expliquer comment elles fonctionnent, elles le savent. Il suffit d'être femme pour savoir qu'il n'y a rien de compliqué à comprendre. Autant de souffrances et de manques que de plaisirs et de bonheurs. Au final, elles en repartent toujours ravies d'être femmes. Cette complicité, cette compréhension, cette écoute, Quel plaisir ! C'est tout un monde les femmes, tout un univers ! Elles parlent d'elles, elles parlent des petites filles qui dorment en elles, elles parlent des hommes qui dorment avec elles (ceux qui ne les comprennent pas, ceux qui malmènent leur sensibilité, ceux qui se trompent et les trompent, ceux qui les chérissent et ceux qui trouvent leur vie meilleure avec elles, ceux qui les font grandir et ceux qui se sentent plus « grands » grâce à elles !). Comme souvent après de grandes émotions, elles se réunissent, comme des amies, des sœurs, des concurrentes parfois. Elles ont besoin de se retrouver, d'échanger, de faire le point, de partager. En fonction de la nature de l'émotion, le rôle de leader tourne. Dans les grosses souffrances, c'est à tour de rôle l'écorchée vive qui s'exprime ou la philosophe, quand il s'agit des émotions de l'amour c'est la pitchoun ou la jeune femme, quand il s'agit de plaisir, de bien-être, c'est la nouvelle qui intervient. Ces retrouvailles de filles, de femmes sont devenues un rituel, une nécessité pour l'équilibre de chacune. Même quand elles se chipotent, se contredisent, s'en veulent juste un instant, elles savent qu'elles sont leur meilleur soutien et les seules à se comprendre ainsi. Elles sont femmes, filles, gamines et s'enrichissent de ce qui les constitue. La réactive, l'observatrice, la sûre d'elle, l'impliquée, la carencée affective, la charmante, la névrosée, la pulsionnelle. Il est rare qu'elles soient toutes ensemble réunies, certaines ne se voient qu'en famille, d'autres entre amies ou au travail. Mais elles se connaissent toutes. L'une est la fille de ce père disparu, l'autre est l'amie fidèle, il y a celle qui fait l'unanimité physique pendant que l'autre se cache pour ne pas être vue, celle qui s'adapte partout et l'autre qui respire un grand coup quand elle entre dans l'inconnu. Toutes ces femmes qui cohabitent dans cette pièce sont vives et vivantes, profondément femmes avec leurs tourments, leurs complicités, leurs perspicacités, leurs sensibilités…

Et dans cette pièce aujourd'hui, la plus posée d'entre elles accepte le stylo qu'on lui tend. Un peu ailleurs, encore dans ses pensées, dans la situation qu'elle vient de rejouer dans ce lieu de toutes les émotions. Elle sort le chéquier de son sac, gribouille machinalement la somme, le prix à payer pour avoir le droit de s'exprimer, de se sentir vivante, reçue, pour coordonner toutes ses parcelles. Un autre rendez-vous est fixé et toutes ces femmes repartent ensemble (même celle qui a toujours du mal à accepter la fin !). Elles repartent ensemble, de la plus forte à la plus fragile, parce que toutes ces femmes cohabitent dans un seul et même corps… le mien.

Nous sommes multiples… Tour à tour, patients puis capricieux ; Compréhensifs puis susceptibles ; Généreux puis exclusifs ; Constitués d'ombres et de lumières… Certaines relations allument nos lumières, d'autres agissent dans l'ombre… Il suffit probablement de se connecter au bon fil !!!!

« LES F'ÂMES »

Un hommage à toutes ces femmes
Qui me touchent souvent
A cette grandeur d'âme
Dont elles font preuve si simplement

De la plus pure fragilité
A leurs innombrables forces
Elles sont souvent des piliers
Aux douces écorces

J'admire l'amour qui les anime
De leurs hommes à leurs enfants
Elles les remplissent totalement
De ce sentiment comme un hymne

Elles portent à bout de bras
Elles encouragent et valorisent
Ces amours comme un combat
Sans jamais lâcher prise

Elles les connaissent par cœur
Comprennent leurs maux et leurs silences
Soulagent souvent leurs peurs
En donnant toujours un sens

Elles savent parler et se taire
Faire face aux émotions
Donner la vie sur cette terre
Où règne parfois la confusion

Elles attendent si souvent
Et donnent sans compter
Elles s'oublient si naturellement
Pour les êtres aimés

Un hommage à toutes ces f'âmes
Que j'admire toute simplement
Et qui m'émeuvent jusqu'aux larmes
D'aimer si sincèrement...

Quelle est ma motivation ? Qu'est-ce qui me pousse à y aller ?

L'envie de me sentir en vie... Tout simplement ! Dans l'ici et le maintenant, dans ce présent précieux que je m'évertue à remplir avec plaisir pour rendre l'histoire agréable. Re-trouver, poursuivre, découvrir, aller à la rencontre de sensations, d'émotions, de ressentis. Accepter les beautés et les risques de la vie, être vivante, rencontrer les autres et aller de ce fait à ma propre rencontre. Que vais-je y trouver ? Je n'en sais jamais rien à l'avance. Je cueille et accueille. Pour ressentir l'agréable et le moins agréable, pour exister pour moi -même et dans le regard de ceux qui me rencontrent et croisent mon chemin. Je tente de respecter au mieux mes envies, mes besoins, mes intuitions, mes aspirations. Pour laisser à la porte ces ennemis que sont le regret et l'aigreur. Me retourner sur ma vie et aimer le chemin parcouru, les choix pris, les opportunités saisies, les regards croisés, les mains tendues, les énergies partagées, les mots échangés… Vivre tout simplement. Avec son lot de bonheurs et de risques. Et surtout, surtout ne pas me laisser envahir par le rassurant et le « raisonnable » par protection et parfois même par lâcheté. Ma raison à moi, elle me pousse à chercher mon bonheur, ce qui m'épanouit, me rend heureuse, n'est-ce-pas cela être raisonnable ?! Vouloir être heureux et s'en donner les moyens ?! Je n'ai pas peur de vivre autrement, défiant la peur des risques pour ne pas me retourner avec les regrets au bord des yeux. Mon cœur et mon intuition me parlent, je les écoute.

Voyager et rencontrer l'étranger représente le plaisir de s'accorder un espace de paroles posées, respectueuses, compréhensibles. Tant de personnes parlent étymologiquement la même langue et ne se comprennent pourtant pas. Echanger, partager dans une langue étrangère oblige à la concentration, à s'assurer que l'autre nous a bien compris et reçus. C'est se créer un espace sain de compréhension. C'est se mettre à la portée de l'autre, c'est chercher à se comprendre, à s'entendre, c'est s'observer, s'écouter vraiment. Communiquer dans une autre langue est alors un véritable plaisir d'ajustement de part et d'autre. Un espace privilégié entre plusieurs cultures, plusieurs modes de communication, plusieurs histoires de vie. Les gens qui parlent la même langue s'écoutent parfois mais ne s'entendent pas toujours. Les mots sont chargés d'histoires familiales, de souvenirs, de significations inconscientes, d'interprétations subjectives. La langue étrangère, quand elle est étrangère à tout ce passé, n'est pas victime de ces significations entre les lignes, de ce qui est dit sans être dit. Ce sont des mots, comme des codes pour permettre la communication tout simplement. Malgré les difficultés d'expression étymologique, tout devient plus léger et plus facile, car dépourvu de sens caché.

J'aime cet espace privilégié que l'on se crée pour communiquer… J'aime l'étranger, j'aime rencontrer l'autre avec ses différences, j'aime découvrir ce qui n'est pas moi, ce qui est autre. J'aime le voir, l'entendre, qu'il me voit, et m'entende. J'aime la richesse humaine, la rencontrer et la partager.

Le langage des corps...

Pour une fois, ce n'était pas son regard qui me happait, lui seul n'aurait pas suffi à me capter, mais le langage de son corps. Il était fort, ferme, sûr. N'a t'il parlé qu'à mon corps ? Sans aucun doute non. Sa force, la largeur de ses épaules, la douceur de ses mains, son pas assuré, sa tête décidée sont venus toucher directement à mon plaisir de me sentir protégée, guidée, menée, délicatement mais fermement. Il chaloupait d'avant en arrière, ajustait mon corps au sien. Je me sentais contenue. Pourtant hormis la coordination de nos mouvements, nous avions peu de points en appui. Il posait à peine un pouce dans mon dos me laissant imaginer toute sa main, sa fermeté, sa sûreté, sa volonté. Contrairement à lui qui me touchait à peine tout en maîtrisant tout, j'avais très envie de le tenir de toutes mes forces. J'avais envie de l'enlacer fortement, de me blottir. Son corps me rassurait, m'attirait. Je me laissais porter par son rythme, ses codes, son cadre. Outrepasser ces lois aurait probablement brisé le charme. Je devais accepter de me laisser guider, conduire. Je n'avais pas besoin de le regarder ni de lui parler pour communiquer avec lui, nos corps s'en chargeaient aisément. Il m'éloignait parfois de lui pour mieux me rapprocher ensuite, comme s'il m'envoyait dans les airs pour mieux me rattraper, pour se réajuster parfaitement à mon corps. Chaque fois comme une petite victoire de se retrouver si parfaitement, d'être si coordonnés.

La preuve vivante que la fermeté n'a rien de commun avec la violence. La fermeté rassure, embarque, enveloppe, contient, bien loin de l'agressivité de la violence.

Comment s'appelait-il ? Je n'en ai aucune idée. Peu m'importait qui il était dans la vie, ni même ce qu'il en faisait. Nous étions dans l'instant, dans l'intensité et la liberté de l'instant. L'ici et le maintenant.

Je voulais seulement danser avec lui, qu'il me fasse sienne juste le temps de ces notes virevoltantes et puissantes. Ni plus ni moins que la perfection et la force de ces quelques instants. Qu'il saisisse ma main fermement dans la sienne, qu'il pose l'arrête de sa main dans le creux de mon dos, que mon corps se laisse aller au gré de son rythme, sa force, sa volonté. Qu'avant de m'éloigner de lui pour me faire virevolter, tournoyer, son buste pousse légèrement mais fermement le mien pour mieux le retrouver ensuite. Que la force de ses bras, de son torse, de ses épaules, de son buste contraste avec la délicatesse de cette main invitant la mienne, qu'elle la tienne sans l'enfermer, la soutienne, la relie à lui. La jouissance de deux corps qui se cherchent, se rencontrent, se trouvent, s'ajustent, frémissent, s'éloignent puis se retrouvent, s'échauffent, ajustent leurs rythmes cardiaques. Puis s'arrêtent lorsque la musique s'achève, comme épuisés d'avoir tout donné, se détachent et redeviennent deux individus distincts après n'avoir fait qu'un aussi intensément.

La chaleur s'estompe alors peu à peu pour ne pas dire brutalement. Passage de la chaleur de la fusion à la froideur de l'éloignement, de l'individualité. Nous découvrons alors nos visages et nos yeux… ou pas. Ces instants précieux et intenses auraient pu également se vivre les yeux fermés puisque seuls les corps communiquent... à merveille.

Je ne le connais pas en tant qu'être, mais nos corps se sont parfaitement trouvés. Du plaisir à l'état pur. Des instants qui ne deviendront jamais des moments. Le désir humain d'être toujours en quête du bonheur perdu poussera à recommencer, à transformer ces instants pour les faire perdurer... au risque de perdre l'intensité de la première fois, de la découverte, du jamais connu, du nouveau.

C'est tellement humain de vouloir revivre encore et encore ce qui fait du bien. C'est tellement humain d'être déçu de ne pas retrouver les mêmes émotions, c'est tellement humain de ne pas accepter que rien n'est immuable, qu'il faut accepter la transformation, l'évolution, les lendemains...

Espérer que la vie offrira d'autres premières fois, d'autres instants d'intensité qui rendent si vivants, qui chauffent pendant et brûlent ensuite.

La vie ne brûle-t-elle pas parfois ? Pour le pire et pour le meilleur, preuve que nous sommes vivants !!!

« La danse de Cœur à Corps »

Je me raidis parfois quand tu parles à mon corps
Quand tes mains envahissent mes plus précieux trésors
Sans avoir pris le temps de t'adresser à mon âme
Ce qui profondément fait de moi une femme

J'évite ton regard quand il brûle de désir
Quand avant de parler, il m'impose des soupirs
Alors que nous sommes encore de parfaits inconnus
Je n'ai pas envie que tu me mettes à nu

Prends le temps de me regarder, de me sourire
Honore toutes ces jolies cachettes à découvrir
Dans cette enveloppe de chair
A décacheter délicatement pour me plaire

C'est inspirée par la musique jouée par mon cœur
Que peu à peu m'investissent les plus douces saveurs
Bercée par cet air qui me parcoure toute entière
Mon corps peut alors exaucer toutes les prières

Il se laisse aller à la pulsation de cet organe
Réchauffé par la puissance de ces flammes
Il savoure le rythme et les cadences
Des à-coups donnés par ce cœur qui danse

Tu dois passer par lui pour pouvoir me toucher
L'activer, lui parler, le choyer, l'envelopper
C'est lui qui donnera le feu vert
Envoyant un message brûlant à chacune de mes chairs

Et si mon corps reste silencieux,
Lointain, distant et si peu chaleureux
C'est que tu n'as pas trouvé la clef
La seule et unique qui donne l'accès

A ce chemin étroit
A cette place de choix
Où se joue le plus beau des ballets
De ces cœurs à corps synchronisés…

Le long terme...

Entre deux lignes, assise sur cette plage, en plein mois d'été, j'admire ce qui se déroule sous mes yeux. Bedonnant, flétri, recouvert de poils blancs tel le Père Noël, quelques restes de cheveux, le dos courbé, les bras légèrement fléchis en arrière pour maintenir l'équilibre, dans un maillot en accord avec son âge, il la regarde et la protège.

Elle porte un maillot violet de grand-mère qu'elle est certainement, des bouclettes blanches recouvrent sa tête, elle avance doucement pour ne pas se laisser emporter par les vagues, elle se dirige tout naturellement vers sa main protectrice et plus forte malgré les faiblesses physiques de l'âge. J'admire, émue, ce qui les équilibre malgré la vacillation provoquée par l'arthrite. C'est main dans la main qu'ils entrent dans l'eau. Ces mains dont chaque ride retrace leur long parcours de vie. Il la devance de peu, comme pour prévoir le danger des remous de l'eau et ainsi mieux l'accueillir. Tant de gestes de protection, de tendresse, rassurants et émouvants. Des gestes qui trahissent la faiblesse de leurs corps vieillissants mais soutenus par la force de leurs regards. Il est là avec elle, elle le sait. Son regard est solide, évident et puissant. Un regard qui la protège, qui l'invite et l'encourage. Un regard aimant et respectueux.

En dehors de ce spectacle de tendresse, de respect et d'amour, autre chose me touche dans cette scène. Ces deux vieilles personnes en sortant de l'eau pour regagner leur serviette ne me voient pas. Moi qui respire la jeunesse, la fraîcheur physique, je les indiffère. Ils sont dans leur univers que rien ni personne ne peut perturber. Lui ne me voit pas, moi la petite jeunette, élancée aux yeux perçants, cheveux au vent, il ne me regarde même pas, ni en passant devant moi, ni derrière le dos de sa femme. Son regard fort, solide, aimant, respectueux ne voit qu'elle, celle qu'il aime depuis des décennies, qu'il a aimée jeune et fraîche et qu'il aime peut-être même plus maintenant que la vie l'a marquée. Je ne lui arrive pas à la cheville avec mes cinquante ans de moins.

Mon regard vert se trouble d'émotion… Merci pour ce spectacle… Je rêve d'être un jour aussi fripée et aussi aimée…

Inspiration mutuelle...

Elle a passé des mois à observer et intégrer toutes ces informations que je lui envoyais plus ou moins malgré moi. Parce que ce que je suis l'étonne, l'interpelle, puis la motive et la fascine parfois aussi… Souvent même. Elle écrit "Je ne connais personne comme toi"! Oui elle écrit parce qu'elle ne parvient pas encore à dire, ses yeux ne se posent sur moi que si je regarde ailleurs. Ou alors son vert croise le mien sans expression particulière pour ne pas plonger dans la profondeur de son émotion. Cette rencontre est remplie d'émotions, de ressentis, d'admiration mutuelle. Elle est viscéralement touchée et bouleversée par ce que je donne et l'écho que cela a en elle. Si j'ai à ses yeux le talent du don à l'autre, elle me fascine par sa capacité à recevoir, percevoir, entrevoir.

Quand elle ne peut ni parler ni regarder, elle écrit. Elle écrit d'incroyables choses, une reconnaissance si touchante. Nos sensibilités se rencontrent comme une évidence dans ces connexions rares et précieuses. Je me sens parfois une bête curieuse devant elle, je le vois dans ses yeux, je suis étrange, mes réactions lui semblent tellement atypiques.

Il y a un subtil mimétisme entre nous qui nous étonne nous- mêmes. Agit- elle en miroir ? Elle se regarde dans mes yeux, s'y retrouve parfois ou aimerait s'y retrouver ! Mais elle ne s'y perd pas. Si elle s'y cherche parfois, c'est pour y trouver son essentiel… Pas pour se remplir du mien. Elle ne s'oublie ni ne se perd, et ne me dépossède pas non plus de ce que je suis. Elle observe, s'imprègne, intériorise, et fait sien ce qui lui parle, ce qui lui permet de s'accomplir ! Elle n'a pas encore acquis la confiance nécessaire pour faire jaillir sa propre source, mais elle comprendra bientôt que ce qu'elle voit quand elle me regarde, ce sont ses propres qualités. Ces connections sont des miroirs !

Toute personne étrangère à ces ressentis, ne percevrait pas nos liens, tout ce qui passe entre les lignes, nous sommes deux jeunes femmes lambda qui se baladent, échangent, prennent des photos, se parlent, s'écoutent. Et pourtant nous nous transmettons des essentiels, des clefs, des mots nécessaires, des déclics, des éclairages. Elle m'admire pour mon mode de pensées et d'actions, sait- elle que je sais rarement à l'avance ce que je vais dire, que c'est l'inspiration qui me guide, et que ce que je partage avec elle n'est que le fruit de ce qu'elle m'inspire, me permet d'être et d'exprimer !

C'est une jolie et incroyable rencontre…. Réciproque à souhait !

« Liberté d'être »

J'aime cette liberté intérieure qui me caractérise
Quand sous mon regard les plus petites joies deviennent exquises
Portée par l'énergie que vous me renvoyez
Quand mon émotion vient vous rencontrer

Vous êtes mes inspirateurs, mes donneurs de sens
Quand ensemble notre humanité devient une chance
Liés par nos mots, nos regards, nos sourires
Qu'il est bon d'être unis pour le meilleur et pour le pire

Règne en moi un véritable enthousiasme
Un volcan qui jaillit comme des spasmes
Quand les rencontres réveillent mon inspiration
Mes mots sortent à grands jets comme une libération

C'est bon d'être au cœur de cette contagion
Quand ce que nous sommes provoque ces impulsions
Et qu'alors naît le plus beau des partages
Honnête, sain, profond dont on devient l'otage

Pour mieux se libérer ensuite
Riches de ces instants honorés
Loin des douloureuses fuites
Et des silences imposés

On se remplit du meilleur
On partage nos rires et nos pleurs
S'acceptant tels que nous sommes
De simples héritiers de l'Homme

C'est dans cette liberté d'être
Que je me sens vivante
Au cœur de ces sensations honnêtes
Des plus légères aux plus pesantes

C'est sur ce chemin que j'avance
Et vous y êtes invités et bienvenus
Parce qu'ensemble, elle est plus belle la danse
Quel que soit notre contenu...

Originale !?

Ils étaient là. Je connaissais tous ces visages : ils représentaient mon enfance, mon passé, mon présent et mon avenir. Je les avais réunis pour les sentir tout près de moi, pour que l'on se crée ensemble ce joli souvenir ! Pour être unis autour d'émotions positives, constructives, porteuses ! J'avais envie de cette rencontre, pas seulement en pensées mais en vrai ! Envie de les serrer, de les sentir là tout près, de les voir sourire, s'émouvoir. Même les absents étaient présents. Parce que c'est ainsi que je vis... Avec tous à mes côtés physiquement ou spirituellement !

J'avais envie de les présenter les uns aux autres, et exister dans ma globalité en élargissant le champ de vision. L'éclairage familial puis amical et sentimental. Nous existons sous différents angles et nous nous connaissons parfois si peu dans notre globalité ! Je suis ce que je suis grâce à tous ces gens-là. J'avais envie de leur dire combien ils comptent pour moi. Alors je les ai aimés dans mes mots, dans mes gestes, dans mes regards... Parce que c'est dans un monde authentique et sans pudeur sur l'essentiel que j'aime grandir et évoluer. Parce que les masques m'encombrent et m'obstruent la vue ! Ils étaient là avec moi... et j'étais avec eux. Je prenais trente ans et plus que jamais, j'étais heureuse de vieillir... Avec eux, mes essentiels...

Tu m'as regardée et tu m'as parlé, avec tes mots, tes expressions, ta franchise décapante, t'excusant presque de t'exprimer ainsi, sans pouvoir t'arrêter pour autant. Et tu m'as fait une des plus jolies déclarations de reconnaissance…

— *Tu n'es pas comme nous, toi, tu ne parles pas comme nous, tu dis des choses que personne ne dit. Parfois quand tu commences, j'ai comme une appréhension, je me demande ce que tu vas encore oser dire…puis quand tu t'arrêtes, j'ai envie de te demander de continuer. Parce qu'au fond c'est bon. Je ne suis pas comme toi, je suis un matérialiste moi, j'ai l'impression que je ne suis pas sensible, je ne parle pas des sentiments, des émotions comme toi, j'ai même parfois l'impression que ce n'est pas nécessaire, pourtant quand je t'entends, je sens que ça me touche. T'es vraiment pas comme tout le monde… Ne le prends pas mal, c'est dans le bon sens, mais j'crois que tu es une originale !!! Tu vis tout à fond ! Nous, quand on dit bonjour, c'est une formalité, un geste banal, toi tu ne dis pas bonjour, tu dis vraiment BON JOUR en deux mots et ça veut tout dire avec toi, Bon Jour, bonne santé, le meilleur, merci d'être là, d'exister, d'être toi !!!! C'est énorme !! Parfois par pudeur on pourrait presque penser que c'est trop et pourtant ça fait du bien… et vraiment on en redemanderait encore !! Bon j'arrête, tu vas croire que je parle comme toi, non je ne parle pas comme toi, je ne sais pas faire… En fait, tu es vraiment incroyable mais je ne sais pas le dire.*

Je l'ai regardé émue, touchée… Lui qui était persuadé de ne pas savoir parler, il venait de me faire une si jolie déclaration. Le même sang dans les veines et pourtant si différents, comme il le disait… Avec tellement de bien-être à la clef ! Etre de la même famille, ce n'est pas se ressembler ! S'aimer, c'est s'accepter tel que l'on est, sans se renier, sans s'excuser de ne pas être forcément similaires. C'est s'aimer différent, singulier, unique.

Merci pour ces mots, envoyés pile au bon moment au bon endroit. Merci d'avoir osé parler, d'avoir laissé transparaître cette sensibilité que tu as parfois du mal à accepter et qui pourtant ne m'échappe en rien… Tu m'as fait un bien joli cadeau !

Rencontre colorée...

Elle est en face de moi dans son habit tout en couleurs, et son foulard sur la tête qui la grandit de dix centimètres. Elle est souriante mais son air est grave parfois. Elle a traversé tant de kilomètres douloureux pour parvenir jusqu'ici. Ses dents me semblent très blanches sur sa peau d'or foncé. Elle vient de la terre des lions, ses pieds portent encore les traces de ce sol foulé sans chaussures. Un corps idéal, fait de soleil, de courage et de courbes accueillantes, pour son enfant qui vient se blottir.

Les sonorités de son langage sont bondissantes, ses « R » sont ronds à souhait. Je ne la comprends pas toujours mais j'entends la vie, l'énergie, la volonté ! Elle me raconte que les gens se sont moqués d'elle quand elle est arrivée sur ce sol, lui signifiant qu'elle s'exprimait mal.

A cet instant de son récit haut en couleurs, elle me regarde en riant à gorge déployée, renvoyant la générosité de sa culture et me dit :

— *Mais j'ai ramassé le français dans les rues de Paris, moi ! Ce sont eux qui m'ont appris !!*

On est venu frapper à leur porte un jour et on leur a dit :
— *Il n'y a plus de lit pour ce bébé, nous ne pouvons pas la garder, pouvez-vous vous en occuper quelques temps ?*

Ils ont accepté avec évidence. Ils n'avaient pas d'argent mais de l'amour et de l'attention, ils en avaient à revendre puisqu'ils le fabriquaient eux-mêmes !! Déjà parents de plusieurs enfants, et d'une dernière de quelques mois, ils ont accueilli ce bébé comme le leur. Personne n'est jamais venu la chercher, et elle a été aimée et soignée avec tout l'amour d'une famille. Matériellement pauvres, ils ont fait preuve d'une richesse de cœur incroyable qui fait couler dans mes veines une fierté sans nom. N'ayant pas assez d'argent pour lui acheter des vêtements, ils ont demandé à leur enfant de sang de porter les vêtements de l'assistance publique pour que cette petite fille déposée là par une cigogne ne se sente pas différente, pas exclue. Elles allaient alors toutes les deux à l'école, vêtues de la même manière, à égalité matérielle mais surtout à égalité de cœur et d'amour. Lors d'un Noël, leur fille de sang ayant à peine compris que le père Noël n'avait de magique que ce que les parents portaient eux-mêmes en eux, ils se sont assis près d'elle et lui ont expliqué :
— *Maintenant tu es grande et tu as compris ce qu'était le Père Noël, nous n'avons pas assez d'argent pour vous faire des cadeaux à toutes les deux, acceptes-tu que nous offrions une poupée à ta petite sœur pour que cette magie perdure encore pour elle cette année ?*

C'est cette même maman qui, quelques années auparavant, portait sur son dos sa toute première fille, son aînée, sa première complice sur des kilomètres de côte pour aller travailler. Refusant de la laisser pleurer, elle l'emmenait avec elle, rendant l'ouvrage bien plus difficile mais dans une logique de cœur évidente à ses yeux.

C'est à base de cette richesse humaine, de cette solidarité, de cet amour distribué que je suis fabriquée, ainsi que tous ceux qui ont grandi avec eux, près d'eux.

Etait-ce idyllique ? Etait-ce simple ? Sans aucun doute non !

Il y avait aussi des disputes, des incompréhensions, des désillusions, des espoirs vains… Il y avait la vie et ses difficultés, l'humain et ses complexités ! La tendresse et la fragilité de l'un, la force et l'implication de l'autre. Il y a un morceau de tout ça dans nos veines, dans nos âmes, chacun d'entre nous s'en saisissant à sa manière avec la possibilité d'être ce qu'il est, parce que c'est exactement ainsi que nous étions aimés, avec nos singularités.

C'est notre héritage familial, entre émotion, humilité et fierté bien placée…

« RDV du dimanche après-midi »

La pièce est surchauffée
Eté comme hiver
Gauloise au bord du cendrier
On fait trinquer les verres

Quelques mètres carrés familiaux
Qui accueillent toutes les générations
Les grands en bas, les petits en haut
On entend les rires à foison

C'est le RDV du dimanche après-midi
On s'entasse, on se réunit
Pour de beaux moments de partage
Où se mélangent tous les âges

Leurs visages vieillis retrouvent leur jeunesse
En voyant débarquer toute leur lignée
Ils y distribuent leur tendresse
Sourires aux lèvres, regards mouillés

Chacun chez soi dans la semaine
On se retrouve le week-end
Pour le plaisir d'être tous ensemble
Autour de ceux qui nous rassemblent

Ressemblances physiques
Anecdotes en commun
On remplit nos valises
Qui nous mènent vers demain

Le même sang dans les veines
Ou liés par le cœur
C'est une véritable aubaine
De connaître ce bonheur

De faire partie d'une famille
Grâce à deux êtres qui se sont unis
Nous laissant des tas de souvenirs
Et la sonorité des rires

La boîte de bonbons pour les petits
Pendant que les grands remplissent les verres
La porte s'ouvre, on se serre
C'est le RDV du dimanche après-midi

Des photos figent les moments
De rires, de larmes, de joie
Des enfants aux grands-parents
On est heureux d'être là

La vie passe
Les gens s'effacent
Laissant tous ces souvenirs gravés
Chez chaque être de cette lignée...

Petites mains...

Dans chacune de ces journées qui m'amènent à être à leur côté en tant qu'Educatrice, je suis au contact de précieuses étincelles de sincérité, de spontanéité, de ressentis purs et francs. J'aime ces instants riches de découverte où pour accompagner leurs émotions, je me confronte aux miennes et où nous avançons main dans la main sur ce chemin. Les fiertés et croyances que je peux avoir en eux ne tiennent pas à leurs réussites, à leurs buts atteints, mais à ce qu'ils sont profondément en tant qu'Être. Bien avant de croire en leurs rêves, c'est en eux que je crois, au regard qu'ils posent sur ce monde, à leur manière de l'investir, d'y apporter leur trace. Qu'importe l'endroit où ils arriveront ou non, c'est la façon dont ils tracent leur chemin qui m'inspire cette confiance et cette croyance.

L'enfant qui n'a pas encore le langage, n'a souvent que son corps pour exprimer ce qu'il ressent. Il se blottit quand il a peur, crie quand il est en colère, s'effondre en sanglots quand l'émotion est trop forte. Celui qui demande de l'attention et n'en reçoit pas, peut provoquer, se mettre en danger, faire beaucoup de bruit... Attirer l'attention pour exister dans le regard de quelqu'un. Celui qui ne se sent pas désiré et attendu, peut se mettre dans un coin et se faire oublier, jouer sans bruit, pleurer sans larme... S'excuser d'exister pour ne pas déranger. J'ouvre mes bras pour les recevoir avec leurs émotions et j'ouvre également mes yeux et oreilles pour entendre ce qu'ils me disent bien souvent sans mot. Je pose parfois des mots sur leurs angoisses, leurs ressentis, parce que s'ils savent qu'ils ont peur, qu'ils ont mal, qu'ils sont en colère, ils ne savent pas toujours pourquoi et c'est souvent cette incompréhension qui provoque leurs angoisses. En les entendant, je tente de les soulager, en les recevant je les accompagne pour grandir, se construire, prendre conscience, se solidifier, s'armer. C'est en partie parce qu'ils se sentent entendus, reçus, compris et parce que les mots posés mettent de la lumière sur les zones d'ombre qu'ils peuvent s'épanouir, jouer, aller vers les autres, grandir sereinement, intégrer ce monde dans un respect mutuel.

Voilà à quoi servent les mots pour les êtres de langage que nous sommes : à communiquer les émotions, à les partager, à les exprimer, à donner, à être reçus… à être humains !!

Je les utilise toujours dans cet élan : pour « aller vers ». Et ceux-ci viennent vers vous…

« Enfant-diamant »

Tu t'agites, tu t'énerves
Tu sautes partout sans trêve
Ton visage est fermé
Tes deux-mains sont liées

Tu as sept ans
On t'en demande tellement
D'être grand, d'être fort
D'accepter les efforts

On te condamne délinquant
Moi je vois un enfant
Derrière ton corps agité
Il y a tes yeux mouillés

Tu fais le dur
C'est ce que l'on attend de toi
Tu fais le mur
Toi qui n'a pas de toit

Entre une mère qui te fait payer
De ressembler à ce père qui vous a laissés
Et une petite sœur
Qui a tous les droits sur ton cœur

Elle te mord, te pince
Tu lui donnes raison
Tu ne sauras jamais le prince
De cette violente éducation

Tu t'agites, tu t'énerves,
Tu joues au plus fort
Alors que transpire dans ton regard
L'envie de te blottir encore

Il y a tellement de douceur
Derrière ces barrières
On te vole ta candeur
En modifiant ton air

Tu étouffes dans cette vie de dur
Alors que tes besoins sont purs
De l'amour et de la bienveillance
Inégalité des chances

Une part de toi est encore enfantine
Presque intacte malgré les épines
Que la vie t'impose trop tôt
Faisant de toi un robot

Je vois en toi le diamant
Que l'on taille sans cesse
Et qui devient coupant
Pour éviter qu'on le blesse

Tu es une pierre précieuse
Un ange que l'on transforme
Au sein d'une vie douteuse
Qui modifie tes formes

De tout-petit, d'enfant
De naïf et d'innocent
Faisant de toi une arme
Au milieu de ces drames

Je te souris pour préserver
La plus infime des beautés
Qui réside au fond de toi
Petit être sans droit…

« Exprime-toi Petite Fille »

Exprime-toi petite fille
Dis tes doutes et tes colères
Je suis là pour t'accueillir
Et recevoir tes prières

Je ne faiblirai pas devant tes désarrois
Je serai plus forte que toi
Permets-toi la faiblesse
Je ne crains pas tes détresses

Bien sûr que ça m'émeut
Quand ton cœur est malheureux
Mais je sais qu'il y a aussi le bien-être et la joie
Dans le pas qui suivra

Tes larmes ne vont pas me détruire
Elles te servent pour grandir
Elles sont le fruit de ton humanité
Et aujourd'hui comme demain, je les accueillerai

N'oublie pas de penser à toi
De laisser de la place à tes droits
Tu es une enfant
N'accepte pas la place de grand

Ris, pleure, espère
Et laisse-les gérer leurs affaires
N'aie pas peur de déranger
De toi, ils sont là pour s'occuper

Et s'ils ne font pas attention
Demande-leur de l'affection
Tu as le droit de réclamer
Un cocoon pour t'envelopper

Ce qu'ils ne peuvent te donner
S'ils n'arrivent pas à te protéger
Va le chercher ailleurs
Remplis ton corps, remplis ton cœur

Prends soin de toi aujourd'hui et demain
Pour qu'il soit bon ton chemin
Et un jour viendra
Où une main solide te tiendra…

Le courage...

A tour de rôle, dans des scènes toujours trop rapprochées, ils ont étaient là, allongés en face de moi. Le teint pâle, les traits fatigués, les mots ralentis par ce qui coulait dans leurs veines. Ils ont parlé, raconté, se sont interrogés puis ont souri parfois aussi. Ils ont été là, pas complètement eux mais là, vivants près de moi, de nous. Je les ai regardés en sachant à chaque instant que c'était la fin. Les traitements stoppés, la maladie pouvait prendre toutes ses aises. Mais ils étaient là ce jour-là... à cet instant... à cette minute...

Je me suis levée chaque jour avec pour seule motivation de rendre leur journée « agréable ». Que pouvais-je faire d'autre ? Rien. Terriblement impuissante, juste témoin de la souffrance de ces personnes aimées et de leur entourage. Témoin de l'amour qui unit, témoin de tout ce qui devra perdurer demain malgré l'absence. J'aurais voulu hurler mais je suis restée silencieuse, j'ai souri, regardé, parlé, écouté, reçu. J'étais vivante, eux aussi. Plus tout à fait moi non plus. Hurler contre qui, contre quoi ? J'aurais voulu empêcher les souffrances des uns, supplier les autres de ne pas avoir mal... Mais cette douleur, personne n'en fait l'économie, cela fait tellement mal d'être vivant parfois. J'aurais voulu avoir le pouvoir d'arrêter cet engrenage, cette roue infernale, ces jours qui passent, ces minutes... Changer ces lignes.

Ce n'était pas ainsi que les choses auraient dû se dérouler, on aurait dû profiter encore, s'accompagner mutuellement dans la vie... Pas dans la mort. J'aurais tellement aimé empêcher cela et j'étais assise là près de lui, d'elle, d'eux, impuissante. Je n'ai eu que la puissance de mon sourire, de mes mains tendues, serrées.

Tu me demandes à quoi cela sert ? A tenter de rendre supportable l'insupportable peut-être... A tenir dans l'enfer de ces instants sans lendemain, pour rester vivant quand la mort nous défie tellement fort.

Pourquoi je puise cette force ? Parce que c'est la seule chose que je puisse faire pour ne pas succomber à l'impuissance...

« Le temps de m'écouter »

J'aime ta dernière demeure
Durant toutes ces heures
On me dit que tu n'es pas là
Pourtant je te sens près de moi

Je viens passer du temps ici
Je m'assois, te souris
Je te raconte, te parle, t'écoute aussi
Rien ne me dit que c'est fini

Tu es là enfin disponible
Rien d'autre à faire
Tu te sens certainement plus libre
Que dans cette vie d'enfer

Enfant, tu t'asseyais près de moi
Pour me parler de toi
A mon tour, je m'assois
Et poursuis notre chemin, Papa

Tu ne peux plus te dérober
Trouver un autre endroit pour t'accouder
Alors tu restes là allongé sous tes initiales dorées
Et ces deux dates imprimées à jamais

Ces moments de partage sereins et calmes
Je les ai rêvés, espérés, suppliés
J'y ai laissé des morceaux d'âme
Pour trouver les mots justes et te voir rester

Toujours trop occupé ailleurs
Tu as fini par y aller
J'espère qu'elles sont belles les lueurs
Maintenant que tu es éternellement installé

Comme tu as du temps j'en profite
Je viens te voir, je m'invite
Bien sûr qu'elles te font plaisir mes visites
Je suis ton enfant, ta plus belle réussite

Je le dis parce que je doute parfois
Tu partais si souvent au lieu de rester avec moi
Tu semblais si vivant quand tu sortais de la maison
Je voulais ton bonheur alors j'acceptais tes raisons

J'aurais souhaité avoir plus d'importance
Qu'être avec moi soit ta plus belle récompense
Que mes sourires, mes mots, mon amour
Te retiennent et te comblent chaque jour

Mais ça ne te faisait pas suffisamment vibrer
Ou alors juste quand tu pouvais m'exposer
Tu as donc choisi un autre chemin
Et je m'y suis adaptée pour tenir ta main

Je vis avec tes absences, tes indisponibilités
Je m'en accommode avec un sourire légèrement forcé
Et je savoure, je profite de ces heures passées
Où tu as enfin le temps de m'écouter…

— *JE NE VEUX PAS, JE NE VEUX PAS !*
— *Cette façon de hurler que vous ne voulez pas, c'est un reste de toute puissance qui suggère que votre seule volonté peut empêcher les choses. La vie est ainsi faite, avec des obstacles, des difficultés et des bonheurs aussi, c'est ça être en vie ; Vivre le meilleur et parfois risquer et vivre le pire.*
— *Je hurle que je ne veux pas, non pas en croyant que ça peut faire changer les choses, je sais que je n'ai aucun pouvoir là-dessus, c'est pourquoi j'affronte courageusement ce que la vie m'impose dans ces moments rudes. Je hurle que je ne veux pas, parce que ça me soulage, c'est tout ! Comme lorsque je suis dans un de ces manèges que je déteste. Lorsque le wagon s'apprête à tomber dans le vide à grande vitesse, je hurle parce que l'expulsion d'air me soulage de cette désagréable sensation que la chute provoque. Je sais pourtant que mon cri ne changera ni la trajectoire ni la vitesse, mais je fais ce que je peux pour rendre la situation la moins désagréable possible ! Je n'ai aucun pouvoir ni aucune puissance sur le déroulement des événements mais je tente de les rendre le plus supportable possible. Je m'adapte comme je peux.*
Paradoxalement, ce cri de folie est peut-être mon seul moyen de ne pas devenir folle...

Quand la vie malmène, pique, brûle, elle a également le don de proposer des mains tendues. On sent le gouffre arriver violemment, l'énorme précipice. Et tout à coup, la vie propose de quoi se remplir, de quoi espérer, de quoi vivre. Elle nous blesse, nous meurtrit, nous violente puis nous redonne foi en elle. C'est son cycle ! Ne nous reste qu'à nous montrer patients pour laisser passer la mauvaise vague. Je me tords parfois, je me replie… Mais quoiqu'il advienne, je garde les yeux ouverts comme un devoir, comme un droit parce que la prochaine scène sera meilleure, et je ne veux pas la rater. Ne surtout pas laisser passer sa chance, son moment. Parce qu'il est bon de le vivre et parce qu'il serait perdu ensuite. Garder les yeux ouverts quoiqu'il advienne et une fois les larmes asséchées, on finit toujours par y voir plus clair à un moment ou un autre. Ainsi va la vie !!

Il y a comme un mouvement perpétuel : le bonheur, le bien-être, la douleur, la peine… Cela commence et cela finit ! ça va et ça vient !

S'il n'y avait que du bonheur saurait-on vraiment l'apprécier ? C'est probablement parce qu'il s'absente parfois pour laisser place au stress, aux doutes, aux peurs, qu'on le trouve meilleur quand il revient ! Rien n'est jamais absolu et parfait, c'est souvent là que réside le charme ! Le bonheur, ce sont les trêves, les périodes sans danger, les émotions et ressentis agréables. On en traverse tous, chacun donnant la valeur qui lui convient ! Parce qu'au fond, être heureux, c'est probablement bien plus un état d'esprit,

qu'un état de fait ! Cela se cultive, se désire, se nourrit...
Pour rendre le mouvement plus agréable et plus riche !

Parce que l'histoire continue... Parce qu'elle continue
toujours...

LES LETTRES....LES MOTS...LES CODES...

Zoom sur des instants de vie...

« *Bonjour,*

Puisque nous avons le même plaisir à correspondre et communiquer qu'elle qu'en soit la forme, je prends le simple papier que j'ai sous la main et y dépose l'essentiel : le fond ! Tout comme vous, la forme m'importe bien peu tant que le fond y joue son rôle d'implication et de sincérité. Envoyer une lettre simplement signée, parce qu'il n'y a pas toujours de mots pour exprimer certaines émotions, faire biper un téléphone, juste pour signifier « je pense à toi », « je suis connectée à toi »... Vecteurs d'une pensée qui relie, qui crée du lien.

Je suis également très attentive aux rencontres au détour des rues, de la vie, je crois que ce sont comme des mains tendues qui accompagnent sur le chemin. L'autre soir en rentrant tard, j'ai eu une brève conversation avec un monsieur sur le quai du métro, il vivait là, puis le métro est arrivé. Nous nous sommes mutuellement donné le sourire. Nous semons chacun derrière nous des petites étincelles... Elles sont parfois saisies, parfois laissées à l'abandon ou mises en suspend. C'est le mouvement de la vie !

Ces correspondances sont des rencontres aussi, des morceaux de vie qui se croisent, des regards sur le monde qui vont l'un vers l'autre. Ces enveloppes remplies de mots vont et viennent d'une réalité à une autre. Nos quotidiens sont bien sûr très différents mais c'est dans cette part interne que nous nous retrouvons avec nos mots, laissant en arrière-plan l'environnement matériel. Favorisant la liberté de penser. Je suis réceptive à ce que vous avez envie de partager avec moi dans ces lettres. N'ayez pas peur d'évoquer vos émotions, si vous les retenez pour vous préserver, je respecte alors totalement cette distance mais ne cherchez pas à me préserver moi. Je ne crains pas les émotions, elles sont notre part d'humanité, elles vont et viennent et ne nous figent pas. Vous pouvez être en colère, avoir de la peine, ne pas comprendre, douter, avoir peur, je ne vous ferai jamais taire et tenterai toujours d'y être réceptive. Je n'ai aucun jugement à porter, ce n'est pas mon rôle, je suis moi-même humaine avec ma combativité et mes fragilités aussi. J'espère parfois le précieux mais je n'attends rien de précis, je me paye le luxe du présent sans trop anticiper, et je vous y invite. Nous n'avons rien à nous prouver, nous avons juste à nous accepter. Ayez le droit d'être vous-même, je ne vous abandonnerai pas, mes mots viendront toujours à vous et je recevrai toujours les vôtres tant que vous le souhaiterez.

Bien à vous... »

Lettre d'un Homme :

« Quel sentiment d'étrangeté qu'une personne connue uniquement par courrier s'inquiète pour moi ! Il est fort réconfortant de constater qu'il peut se créer un lien par-delà ces murs épais. C'est d'autant plus réconfortant lorsque les premiers mots que vous entendez en franchissant ces murs sont : « Tu sais ici, si tu veux te sécher comme un saucisson sec aux barreaux avec un drap,

ça ne posera de problème à personne, au contraire, ça fait une place de libre ».

En arrivant ici, il se crée le plus grand tri qu'il puisse se faire dans la vie sociale. Puisque l'extérieur a cette idée préconçue que l'on atterrit en prison uniquement si on l'a voulu par nos actions. L'arrivée en prison, c'est en tout premier lieu la découverte des côtés les plus sombres de l'humain. L'espoir est une légende en prison, un mythe dont on entend parler quand un nouveau arrive. Les jours, les semaines, les années passent, chacune transportant son lot de piétinement et on comprend pourquoi les plus anciens sont dépourvus d'espoir.

Vous vous inquiétez pour moi, pourtant que savez-vous de moi ? Que je suis un taulard, un homo sapiens privé de liberté d'aller et venir, un être qui par ses actions a perdu le titre d'homme. Vous ne m'avez jamais vu sourire, jamais vu aider, jamais vu recueillir les pleurs d'un ami en détresse, vous ne connaissez absolument aucune de mes qualités. La seule certitude que vous avez sur moi, c'est que j'ai dû commettre un acte criminel pour me retrouver dans cette taule... Et pourtant vous vous inquiétez de ne plus avoir de mes nouvelles !!?

Pourquoi une âme aussi belle que la vôtre en arrive à s'inquiéter de ne pas avoir de nouvelles de moi ?! M'en sortir serait donc plus qu'une simple idée ?! Par quelle croyance vous donnez-vous la peine de vous inquiéter pour moi ? Quelle est cette particularité dont vous semblez être dotée qui vous pousse à vous inquiéter pour les déchets de la société, les êtres vivants que plus personne ne veut fréquenter ?

En parcourant vos lignes, pas une seule fois, il m'est apparu que vous étiez fascinée d'une quelconque manière que ce soit par le « mal », par ceux qui enfreignent volontairement les règles. Bien au contraire, à chacune des occasions que vous avez perçues, vous y avez glissé l'importance du respect d'autrui, des règles qui permettent à chacun de s'épanouir.

J'ai tellement entendu, même des moins moralisateurs : « Tu as choisi, maintenant tu la fermes et tu assumes ! »...

Faites-vous réellement partie de ces personnes qui ne cherchent pas la justice en anéantissant ? Si tel est le cas, et je ne peux arriver qu'à cette conclusion, ce n'est nullement un secret mais ce n'est enseigné nulle part : ce sont des gens comme cela qui changent le monde avec conscience ! Même si je sais que vous souhaitez de toutes vos forces rester cette simple goutte d'eau. Vous faites partie des gens qui offrent leur soutien sans être moralisateur, sans imposer leur vérité, leur définition du bien, qui sont capables d'offrir le meilleur, même à ceux que tous condamnent.

Vous avez dû et vous allez rencontrer des personnes que tous auraient accablés, condamnés, persécutés, mais vous, vous les aidez, en leur montrant votre attention, votre énergie pour franchir les étapes les plus difficiles de leur vie, et chacune d'entre elles va se souvenir de vous comme de la plus belle des lumières qui se trouvait dans leur monde au moment le plus sombre.

Votre dévotion et votre compassion sont étonnantes. Votre beauté d'âme vous offre ces trésors magnifiques, des gens viendront vous remercier pour avoir changé leur monde, et je puis vous assurer que j'en ferai partie... »

« Humain »

Dans l'enfermement, chaque feuille devient l'horizon
Je couche mes maux sur le papier pour te rencontrer
Pour qu'un morceau de moi sorte de cette prison
Et qu'à travers les airs, je vienne te toucher

Je ne connais pas ton visage
Mais tu m'ouvres les portes du langage
Ne prenant de moi que ce que je t'écris
Sans te soucier de ce qui m'amène ici

C'est à l'humain que tu t'adresses
Me rendant ainsi ma dignité
Me permettant ces instants de faiblesse
Au milieu de ces corps agités

Tu ne me questionnes jamais sur les faits
Seulement sur ce que je ressens
Me rendant le droit d'exister
Sans que t'appartienne le jugement

Morcelé, choqué, brisé
Tes mots m'aident à me reconstruire
Je consolide mes fragilités
Pour éviter de me détruire

Je me sens considéré et humain
Quand je saisis de mes mains
Ces lettres que tu me fais parvenir
Avec le parfum d'un devenir

Il y a des raisons à mon enfermement
Mais tu laisses aux autres le soin du jugement
Ce n'est pas ton rôle, m'écris-tu
Chacun sa place et ses vertus

Tu apportes des couleurs à cet univers sombre
Tu allumes la lumière pour que j'apprivoise mon ombre
Entre tes mots je me sens humain
Ils m'invitent si paisiblement vers demain

Quand on me redonnera le droit de vivre en société
Que je reposerai mes pas sur ces marches brisées
De nos mots échangés, je me souviendrai
Et en cas de peur, je m'y accrocherai

Dans cet espace si restreint
Je prends conscience des limites
Entre ces murs sans lendemain
Impossible de prendre la fuite

Si ce n'est par ces pensées que tu m'autorises
Que tu reçois et respectes à leur guise
Je reprends la route de la réflexion
Contrecarrant mes impulsions

Il y a de quoi devenir fou derrière les barreaux
Ne laissant échapper que des hurlements de maux
Quand le papier devient le seul horizon
Où l'on peut tirer ce trait d'union

Entre les murs, l'épaisseur
Et l'air pur de l'extérieur
Entre la violence de l'intérieur
Et dans tes mots tant de douceur

Tu rallumes la flamme de l'humanité
Me considérant digne d'être respecté
Je me redécouvre sous un autre jour
Après avoir passé des heures devant la cour

A entendre parler de moi sous toutes mes coutures
Me réduisant à mes plus fortes blessures
Dans notre espace privilégié
Je sors enfin de mon rôle de condamné…

Je voulais simplement te dire...

« *Je t'adresse ces quelques mots avec ma plume, ma tête et mon cœur. Désunis par des détails qui ont provoqué trop de souffrances, nous ne sommes plus parvenus à communiquer. Et pourtant avant d'en arriver à ce silence pesant, on était si complices, si amoureux, si liés. C'est d'ailleurs à partir de cet amour que notre plus joli projet a abouti : un mélange de toi et moi, un petit bout de nous deux ! Nous avons eu raison de penser que l'union de nos deux êtres allait être précieuse.*

Ensemble, nous avons appris que la vie à deux n'était pas parfaite mais nous avons également découvert ce qui nous rendait heureux. Alors ce soir à dix-neuf heures quand tu passeras chercher le petit pour ton premier week-end de garde, tu peux choisir de sonner une fois et je le descendrai dans le hall avec toutes ses affaires. Ou tu peux décider de sonner deux fois et à ce moment, je remettrai mes cheveux en place pendant qu'un repas chaud mijotera, et je viendrai t'ouvrir la porte. Je me blottirai contre toi pour que tu me sers dans tes bras. Sans un mot échangé, sans reproche ni amertume, tu seras le bienvenu chez nous, tu pourras aller embrasser le petit qui dormira tranquillement dans cette chambre que nous avons eu tant de plaisir à décorer et nous dînerons dans ce foyer que nous avons construit ensemble avant que les doutes viennent nous consumer. Si tu penses que nous pouvons poursuivre le chemin autour de ce qui nous unit, laissant au passé ce qui nous a séparés, alors je t'attendrais amoureusement laissant place à toutes les belles choses que demain nous réserve.

Quoique tu décides, je respecterai ton choix... »

« Lui »

Haut comme trois pommes
D'Elle et Lui, il est la somme
A quelques virgules près
Qu'au passage il a inventé

Un nouvel être a fait son apparition
Œil en amande, fossette au menton
Prenant des morceaux de vous
Pour devenir à lui seul un tout

Crée et mis au monde
L'alliance de deux êtres en lui gronde
Pour toujours, à jamais
Se perpétue une histoire vraie

C'est la vôtre puis la sienne
Formée des maillons de la chaîne
Amoureuse et familiale
Au cœur d'un acte peu banal

Donner au monde le mélange de deux êtres,
Deux esprits, deux corps, deux têtes
Qui perpétue le récit
De vos histoires de vies

Est-ce seulement une rencontre d'amour
Ou l'envie de ce « Nous » pour toujours
Qui vous a réuni une nuit
Pour faire naître la vie ?

Loin de toute impulsion
C'est ensemble que vous vous êtes choisis
Pour la plus grande des décisions
Que ce « Nous » devienne « Lui »

Il faut vouloir être éternels
Quels que soient nos lendemains
Au sein d'un être qui aura sur ses ailes
Des traces peintes de vos mains...

La quête est parfois meilleure que la découverte...

— *Je sais que tout et tous portent à croire que je ne t'aime plus !*

« Pourquoi irait-il voir ailleurs s'il t'aimait ? » « S'il cherche ailleurs c'est qu'il n'est pas satisfait avec toi ? » « On ne peut pas parler d'amour quand on est capable de faire autant de mal ! » « Impossible de se mettre en couple quand on est si égoïste ! » etc

Ont-ils tort ? Pas forcément. Ont-ils entièrement raison ? Certainement pas...

Bien déplacé de penser qu'il s'agit d'un problème d'amour et encore plus caricatural de prétendre que cette histoire se résume à un coupable et une victime. Nul doute que tu souffres énormément, que je brise en toi la partie la plus tendre de ton être. Si tu savais comme je le regrette, si tu savais comme je m'en veux. C'est cette lourde culpabilité qui m'a parfois poussé à te remettre en cause. Mais penser que tu es la seule à souffrir est bien inapproprié à ce que je ressens. Je suis probablement en train de faire la plus grosse erreur de ma vie : blesser la personne que j'aime le plus et la perdre.

Alors pourquoi le faire ? Suis-je stupide ?

Probablement oui... Pourtant aussi fou que cela puisse paraître, je n'ai pas le choix. Je ne supporte plus de voir son image quand je te serre dans mes bras, je ne supporte plus d'être dépendant de mon téléphone pour voir son prénom s'afficher, je ne supporte plus de n'être ni ici ni là-bas avec cette sensation de te mentir chaque fois davantage. Est-ce que je pars par amour ? Sans aucun doute oui... Mais pas par amour pour elle ! Je ne l'aimerai jamais comme je t'aime toi, et il est fort probable qu'elle perde tous ses charmes dès que je m'approcherai trop d'elle, pourtant je sais aussi que tant que je ne la ferai pas entrer dans ma réalité, elle prendra trop de place, elle envahira notre espace...

Il suffirait de raisonner ???! Pas si simple... Quasiment impossible même ! C'est au-delà du raisonnable. Bien sûr, il aurait fallu qu'elle ne croise jamais mon chemin, notre chemin, mais c'est trop tard, elle existe, elle est là et je ne peux faire semblant. Je me mentirais, je te mentirais et tout ce qui nous lie deviendrait secondaire, superficiel. Elle vient empiéter sur ta place et je ne le supporte pas. Je sais combien tu souffres mais si tu savais comme j'ai peur. La rencontrer n'a fait qu'accroître mon amour pour toi et pourtant je vais te perdre à cause de son existence. Dès que je l'aurais touchée, elle ne sera probablement plus grand-chose à mes yeux mais tant qu'elle n'est que fantasme, elle m'envahit complètement... C'est un piège maléfique que je ne contrôle pas...

Si j'ai honte ? Bien sûr que j'ai honte de te donner l'impression que tu ne vaux pas plus que ça, que tes valeurs ne trouvent plus grâce à mes yeux face à ses courbes. C'est si réducteur que j'en éprouve une honte indescriptible. Je me demande comment tu peux m'aimer autant. J'aimerais tellement te demander pardon et je n'en ai même pas le courage. Certains pensent que partir est un acte courageux, d'autres qu'il faut être bien lâche, chacun se fera son propre jugement sur cette décision que je vais payer très cher. J'espère que tes plaies pourront un jour être suffisamment *cicatrisées pour que tu puisses te reconstruire et pardonner mes faiblesses...*

Un jour ensoleillé de Juillet dans la fraîcheur d'un toit pointu, elle a prononcé :
— *Engage-toi à n'être avec moi que par choix. Jure-moi que si un jour tu ne sais plus pourquoi tu es là, que tu rêves d'ailleurs alors tu me quitteras. Bien sûr je rêve de nous voir âgés, assis, heureux de la vie passée ensemble, que nos présences mutuelles aient rendu nos vies plus agréables. Mais je rêve de cela qu'à condition de l'envie mutuelle. Bien au-delà de me jurer fidélité, protection, jure-moi que tu ne seras à mes côtés et avec moi que par envie et par choix. Oui nous nous engageons aujourd'hui mais alors engageons-nous à la sincérité et au libre-arbitre. C'est de ton courage et de ta grandeur d'âme dont je suis amoureuse, alors ne fais jamais preuve de lâcheté et assume ce que tu es et ressens. Et même si je devais en souffrir, je saluerai toujours bien plus le courage que la lâcheté.*

Nous sommes encore éclairés par des étoiles qui se sont éteintes il y a des millions d'années... Comme l'amour que j'ai éprouvé longtemps encore et qui pourtant n'existait plus !

Au Revoir...

Je me suis réveillée en me demandant ce que j'allais faire sans toi, sans cet espoir de nous retrouver !? A part écrire, je n'ai rien trouvé d'autre. Ecrire pour continuer à être près de toi, imprégnée de ce « Nous ». Au moment où l'on partait vers ailleurs, j'allais écrire mes plus grandes lignes d'amour... Et si le début commençait par la fin ? C'est la seule chose que j'ai trouvé pour me soulager, faire sortir de moi, « encrer » tous ces sentiments qui auraient fini par m'étouffer. On partait vers ailleurs mais sans vouloir se perdre !!? Impossible... Je t'aimais bien trop pour devenir ton amie. Absolument incapable de témoigner de ton bonheur sans y contribuer, en te regardant avec cette bienveillance amicale. C'était notre bonheur ensemble qui m'importait. Ton histoire t'appartenait désormais, elle n'était plus mienne. Je ne voulais pas savoir ce que tu ferais de ta vie, je ne me sentais plus concernée. Ce n'était pas spectatrice que je voulais être mais actrice. J'aimais ce qui nous unissait, tout ce qui constituait les anecdotes de nos histoires de vie. Que notre clan soit réuni pour que main dans la main nous écrivions notre histoire ensemble. Bref, je voulais juste aimer, le dire, l'écrire, le vivre. Mais cette vie ne nous a pas choisis et nous n'avons pas choisi cette vie non plus, malgré tout l'amour qui nous liait... Parce que quoi qu'on veuille en penser, aimer ne suffit peut-être pas !!?

Nous perdre est une des plus difficiles épreuves que nous ayons eu à surmonter et à l'instant précis où ma douleur était à son paroxysme, les autres ne trouvaient aucune grâce à mes yeux, ils étaient les autres et ils avaient toujours le même défaut : ils n'étaient pas toi ! Tu représentais mon passé, mon énergie au présent et toutes mes promesses d'avenir. Mon envie de contribuer à ton bonheur a souvent été bien plus forte que ma crainte de ne pas y parvenir. J'ai souvent été guidée par cette seule et indétrônable certitude : je ne choisissais pas de t'aimer, je t'aimais c'est tout... Pour le meilleur et pour le pire ! Etions-nous les mieux placés pour nous épanouir ? Aurions-nous pu être heureux ensemble ? Je ne le crois pas !!! Même si j'ai bien souvent eu envie de défier ma raison pour qu'elle laisse mon cœur régner, pour t'aimer bien au-delà de tout raisonnement. En quittant ce « nous », il nous reste bien sûr un passé, mais sans avenir, il finira par devenir bien maigre au profit des plus grands évènements de nos vies que nous octroierons à d'autres.

Notre histoire nous a longtemps maintenus et permis de rêver. Merveilleuse en pensée, « doulheureuse » en réalité. Trop d'amour pour se confronter aux difficultés, aux imperfections. La vie est un risque, notre histoire n'était pas armée pour les risques. Peur de se gâcher, de ne pas être à la hauteur, de ne pas se correspondre parfaitement. Nous sommes restés sagement et souvent douloureusement au bord de l'eau, empêchant le courant de nous emporter. Il aurait probablement fallu cesser de vouloir faire nos preuves !! Nous sommes alors devenus des inconnus du présent et du futur. Non je ne serai pas ton amie, je ne le veux pas et j'en suis même absolument incapable. Nous poursuivrons nos chemins chacun de notre côté, au sein de ces nouvelles conditions... Laissant la place à d'autres bonheurs.

Un jour, je me suis réveillée et je n'ai plus eu envie d'écrire sur toi, sur nous. Un jour je me suis réveillée et j'ai eu envie d'écrire sur moi, mes envies, mes espoirs, mes désirs. Un jour, je me suis réveillée et je suis devenue mon point central, ma priorité, mon essentiel. Je nous aimais autrement : tu étais autre et j'étais moi, c'est tout ! Je t'aimais ailleurs, je m'aimais ici ! Enfin centrée sur mon énergie intérieure, plus dispersée ni aspirée par ton centre à toi. Pas une réelle disparition mais une autre distance, me laissant la place pour moi, ma vie, mes aspirations. Loin du vide que je craignais probablement, je me suis retrouvée remplie d'idées, d'envies, de désirs propres... Pas les tiens, les miens ! J'ai alors découvert le droit d'exister pour moi-même ! Est-ce que j'oubliais tout ? Non, tu étais juste un être à part entière tout comme je l'étais moi-même ! Je n'étais plus une moitié, j'étais entière !

Je me suis alors réveillée avec la vie devant moi... Parce que la vie continue... Parce qu'elle continue toujours...

« En Exclusivité »

L'amour est une vraie merveille
Quand on peut le laisser libre
Et tellement cruel
Quand on doit le retenir

Quelle idée de tout miser sur un seul homme
Alors que le monde est peuplé de personnes
Je supplie mon cœur de cesser cette exclusivité
Mais il dirige et m'impose toutes ses volontés

Je tente de le purger pour respirer un peu
Mais il me convainc que je ne peux éprouver mieux
Je demande à ma tête de le raisonner
Mais il bat plus fort qu'elle et la fait vaciller

J'ai beau lui dire qu'aimer ne doit pas faire souffrir
Il me répond que c'est parce que j'aime que je peux sourire
Mais à quoi bon éprouver tant d'amour si ce n'est pas reçu
Mon cœur répond qu'il n'a pas choisi son élu

J'ai tellement mal parfois que j'aimerais qu'il s'arrête
Il me dit qu'il continuera à battre parce que je ne suis pas prête
Ce n'est pas le moment, pas l'heure que j'engage le tournant
Je vais devoir accepter encore ce cœur qui coule à sang

Telle une énorme blessure
Il jaillit à grands jets
Il m'aura à l'usure
Ce muscle rejeté

Il est rempli de lui
Aucune place pour autrui
Je me laisse menée par le bout du cœur
Pourquoi tant d'amour doit devenir une erreur !?

La plus belle de mes fautes
De n'avoir que lui comme hôte
Mon plus joli trésor
Qui, dans tous les sens, me tord

Est-ce que c'est cela aimer ?!
Avoir tellement de mal pour respirer
Quand les plus jolies victoires laissent place aux défaites
De mon cœur à mon corps en passant par ma tête

Il est partout, tel un envahisseur
Il est comme fourni avec mon cœur
Je le chasse mais il s'accroche aux parois
J'attends celui qui m'en délivrera...

Vent glacial...

— *Alloooo ! Comment vas-tu ?*

— *?? ... ... Bien... et toi ?*

— *Oh, je sens comme une froideur !?*

— *Quand on laisse passer trop d'air sans provoquer aucun réchauffement, aucune chaleur relationnelle, il y a effectivement le risque que s'installe un vent glacial. C'est la vie !*

— *Je sais que j'ai tort...*

— *Certainement... d'avoir été absent, de me laisser me noyer dans le silence. Le vent me fait encore un peu froid dans le dos mais le soleil me réchauffe devant.*

— *Je sens que tu n'es plus là ?*

— *Non c'est toi qui ne l'étais plus ! J'ai poursuivi ma route dans la solitude dans laquelle tu m'as laissée, puis j'ai retrouvé peu à peu quelques couleurs.*

— *Ah ?!*

— *Je te laisse, je suis attendue !!*

— *C'est tout ?*

— *C'est tout ce que tu m'as laissé oui. Du silence, de l'absence, le néant, je te le rends, je n'en ai plus besoin...*

« Lutte non prometteuse »

Dès l'instant où j'ai perdu cet amour-là
J'ai cessé le combat
J'ai d'abord souffert le martyre
J'ai été envahie du pire

Puis je me suis laissé vivre
Sans la nécessité de cette quête incisive

J'ai appris à respirer pour moi
Cessant de me questionner sur ses choix
J'ai refermé ma bulle tout autour
Ouvrant les portes sur un autre jour

J'ai retrouvé ma paix
Ma faculté de penser
Mon esprit et ma raison
Peu à peu les saveurs des saisons

Ce n'est pas d'être sans lui qui m'a rendu heureuse
C'est de cesser cette lutte non prometteuse…

Il y a les belles rencontres... et les autres...

Quand je t'ai rencontré la première fois, comme pour tout le monde je crois, le contact a été un peu étrange, étonnant, bizarre même. Je sais que certains t'apprivoisent tout de suite, te recherchent, t'apprécient, jusqu'à te réclamer. Moi j'ai été un peu méfiante, probablement parce que j'étais un peu jalouse aussi. Tu prenais beaucoup de place, tu semblais au centre de tout et je ne voyais pas vraiment pourquoi tu méritais tant d'attention. L'intérêt que l'on te portait ne me paraissait pas justifié. Reconnais qu'en plus, tu t'es rendu particulièrement complice de ces personnes auxquelles je tenais tant et quand vous étiez ensemble, moi j'étais seule, mise à l'écart, sortie du champ de vision. Comme si l'on ne me voyait plus. Puis tu as eu une telle influence sur eux, bien souvent je ne les reconnaissais plus quand ils étaient avec toi, complètement obnubilés, hypnotisés, jusqu'à s'en rendre ridicules. Si encore, ils avaient trouvé la bonne distance, cela aurait été supportable mais à ce point envahis, non, vraiment, c'était ingérable ! Je ne comprenais même pas ton humour ! Oui je sais, j'étais la seule puisque tout le monde riait, mais reconnais que cela dégénérait souvent aussi. Et puis, je ne riais pas parce que tu me faisais peur… Oui j'avais peur de toi, des réactions que tu provoquais, tu en faisais trop, vraiment trop ! Et je t'en voulais de t'inviter à chaque fois. Les soirées étaient tellement agréables quand tu n'étais pas là. Mais c'était plus fort que toi, il fallait que tu débarques, que tu te rendes indispensable. D'abord discrètement, puis de plus en plus ouvertement, de plus en plus bruyamment ! Je me sentais tellement seule quand tu les possédais, les métamorphosais. Je les regardais, impuissante, devenir autres. D'une telle puissance, qu'une soirée sans toi devenait inenvisageable. J'essayais de les prévenir du danger que tu représentais mais mes mots coulaient sur eux… Je ne faisais pas le poids !

C'est le jour où tu t'es même incrusté dans la journée que j'ai compris que tu avais désormais les pleins pouvoirs. Tu ne te contentais plus seulement de venir faire la fête, tu t'installais complètement chez nous, dans notre quotidien, notre vie. J'ai observé ton petit manège, j'ai constaté les dégâts que tu provoquais, je te défiais, tentais de te chasser, de t'éliminer, de doser ta présence… Mais rien n'y faisait, tu étais là et c'était devenu une évidence. J'ai tout essayé, parler, dénoncer, crier, supplier, pendant que tu me faisais cohabiter avec la partie sombre de leurs êtres ! Ils te suivaient aveuglément, minimisant chacun de tes excès, comme pour justifier ta présence. Et j'assistais impuissante au spectacle, un bien mauvais spectacle, je ne pouvais même pas sortir de la salle. Je pouvais juste fermer les yeux quand cela devenait trop insupportable. Sauf que, déjà bien démunie, j'avais du mal à perdre totalement la maîtrise de la situation, alors je regardais, j'évitais les trop gros dégâts, j'y laissais quelques plumes (encore duvetées !). Je ne t'ai jamais beaucoup aimé, alors oui c'est vrai, j'ai même du mal à te serrer la main. On me dit que je ne suis pas obligée de t'enlacer, ni de t'aimer mais que je pourrais tout de même te saluer même du bout des lèvres. Je n'y arrive pas, je ne perçois en toi que le mal, tout ce que tu as gâché, tout ce que tu as pris et piétiné. Bien sûr, je me doute qu'il n'y a pas que du mal en toi, qu'il y a aussi probablement de bons côtés, mais ta présence m'a tellement blessée, m'a tellement pris. Je crois que cette réticence m'habitera toujours.

Fais-les rire, désinhibe-les, mets-les à l'aise mais arrête de les rendre malades, de leur faire faire n'importe quoi. Tu les rends dépendants de toi leur enlevant tout bon sens et autonomie. Certains y laissent leur peau et je t'assure que ce n'est pas des larmes de joie qui coulent de mes yeux pendant que tu coules dans leurs veines jusqu'à les tuer !!! Alors reste dans ta bouteille, et cesse de couler à flots, ce n'est pas ta fête tous les jours. Toutes les meilleures choses ont une fin. Tu n'es vraiment pas bienvenu, sous tes jolies couleurs alléchantes. Cesse de t'imposer dans mon décor, les saveurs existent même sans toi…

Tu ne me rendras pas ceux que tu as pris, mais ne viens pas gaspiller les autres…

« L'alcool »

Non je n'aime pas l'alcool
Et les dégâts que cela occasionne
Quand ton esprit s'endort et déraisonne
Que ne fonctionne plus ta parabole

Je ne te reconnais plus
Ton regard, je le perds
Dans une brillance triste
Je perds tous mes repères

Tu es absent, différent
Tu crois que tu vas bien mais tu mens
L'alcool est la pire des maîtresses
Elle te broie, elle m'oppresse

J'aime ce que tu es
Mais ce n'est plus toi
Je tourne le regard
Pour ne pas voir que le tien se noie

Pourquoi toute cette ivresse ?
Pourquoi toute cette tristesse ?
Je suis pourtant là près de toi
Ne la laisse pas t'éloigner de moi

Je la regarde avec distance
Espérant qu'elle n'atteindra pas tes sens
Je la bannis
Elle n'est pas bienvenue ici

Tu la fais tienne
Elle n'est qu'haine
Pour toi, pour moi, pour nous
Et elle nous rendra fous…

Il est rentré tard et alcoolisé. Il est passé à côté de sa femme endormie (et résignée à ne plus l'attendre, ni même à s'inquiéter de ce sort qu'il s'était jeté en pleine force de l'âge !), il est allé s'asseoir près de son enfant (qui attendait toujours… depuis longtemps… trop longtemps). Un mélange de tristesse, de peur et de plaisir s'affichait sur ce visage enfantin. Régnait un parfum de désillusion et la douleur du manque, de l'attente. Quelques années de vie et déjà tant de peines. Elle aurait aimé lui raconter sa peur, son attente interminable, sa joie de le voir rentrer et sa colère de ne pas le reconnaître sous ces vapeurs. Elle n'a pas eu le temps de s'exprimer. Cette fragilité humaine dans ce corps alourdi s'est affalée, endormie à côté d'elle, dans son petit lit, prenant une place trop importante. Il empiétait sur son petit espace, il l'étouffait, l'empêchait de grandir, d'aimer sans souffrance, d'aimer naïvement, pleinement. Elle l'a regardé s'endormir lourdement et a passé ses petits bras autour de son cou pour s'endormir contre lui, dans l'illusion d'une tendresse tant espérée.

La femme s'est levée, a observé cette scène douloureuse depuis l'entrebâillement de la porte et a étouffé un sanglot. A cet instant, elle a su qu'elle le quitterait. Incapable de quitter cet homme, elle savait désormais comme une évidence qu'elle quitterait le père qu'il était. Par amour pour son enfant, pour laisser place au père qu'il serait demain sans elle. La tristesse, la peur, l'attente si cruelle sur le visage creusé de son enfant lui était insupportable. Demain sans elle, il deviendrait un père, il apprendrait à compter sur lui-même, à définir ses priorités. Elle quitterait l'homme auquel elle restait attachée pour que son enfant ait enfin un père responsable. Elle allait puiser loin en elle la force qu'elle n'avait pas pour elle-même. Souffrir était difficile, mais lire cette souffrance sur le visage de son enfant était bien pire, bien plus insupportable.

Loup y es-tu ?

Oui d'accord l'amour donne des ailes mais si c'est pour rester au sol… Cela fait de belles plumes !!!

Elle encaisse le coup... Assise, figée, plombée, bloquée ! Comme si elle ne pouvait plus bouger, comme si son corps devenait trop lourd. En fait, c'est son cœur qui pèse ! Il était léger, heureux, en pleine phase de remplissage et de plaisir. En le coupant de sa source, toute cette jolie matière s'est transformée, en fer peut-être ou en plomb, en acier ? Bref, il est lourd, très lourd et elle peine à se relever. Elle tente un élan, elle s'aide de ses mains mais il y a comme une force qui la rassoit, l'écrase sur le bord de ce lit. Elle ne parvient même pas à s'asseoir confortablement, elle est juste sur le bord, les bras pendants, les yeux dans le vague, l'esprit vide... Il lui manque tellement. Elle va devoir retrouver sa source interne, rechercher son centre comme unique équilibre. C'est la tristesse qui la plombe. Elle était bien avec lui, contre lui, à côté de lui. Ce bien être, elle n'avait pas envie de s'en passer. Elle voulait que ce ne soit que le début, pas le parfum d'une fin...

Quand l'Autre passe ainsi, il réveille en elle ses plus grands besoins, ses plus forts désirs… D'aimer et d'être aimée, être remplie d'un autre dans chacun de ses gestes, quand elle se réveille, quand elle se couche. Il rappelle à ses contours qu'ils existent en la regardant, la trouvant jolie, la touchant, l'enveloppant mais s'il ne la remplit pas de sentiments, le vide se fait trop grand dans ce corps inhabité. Il plante le décor, révise son texte mais ne joue pas la pièce.

Elle reste assise, attendant impatiemment le début du spectacle mais rien ne vient. Elle ne sait pas s'il est resté en coulisse par peur, appréhension ou s'il est sorti par l'issue de secours !? Parfois elle s'impatiente, elle a envie de se lever pour vérifier ce qu'il se passe, mais elle a tellement envie d'y croire encore, de se laisser surprendre, envoûter. Tout ce décor l'a mise en haleine, elle a tellement envie de la jouer cette scène, qu'il la choisisse dans le public pour la faire monter dans cet acte participatif.

Où est-il ? Que fait-il ? Serait-il aussi sauvage que le loup ? Mais lui, il mange, il croque, il l'honore le dîner !!! Il réouvre toutes ses envies puis il disparaît ?? Elle n'a pas été bercée aux histoires de Princes Charmants mais le loup elle y croyait ! Lui, il ne disparaissait pas, il mangeait, se régalait et restait même dormir, repu !! Loup y es-tu ? Que fais-tu ??

Elle est assise devant ce décor, elle n'imaginait pas que c'était une salle d'attente. Elle change de chaise parfois pensant qu'elle sera la prochaine, on lui fait signe de s'avancer, de se préparer, elle sent que malgré l'appréhension tout se réchauffe en elle. Cette sensation d'amour la parcoure et c'est tellement agréable. Comme un frisson puissant et bienveillant, la porte s'entrouvre parfois, laissant apparaître la lumière, cette lumière de sentiments qui fait monter l'adrénaline, la charge. Cela occasionne la tension mais jamais la décharge. Il disparait avant de jouer l'acte et elle ravale ses sentiments, ses envies, ses espoirs. Juste de quoi lui rappeler que tout fonctionne encore, que la machine interne n'est pas rouillée... Juste un peu endommagée à force d'être mise en route sans être utilisée.

Le jour où elle trouvera son rythme de croisière, inspirant et expirant la juste dose de « donner et recevoir », alors elle remerciera toutes ces répétitions d'avoir eu lieu pour être parfaite le jour J...

« Pas prêt »

Elle a touché du doigt le bonheur
Elle l'a côtoyé quelques heures
Sous la protection de son regard
Au creux de ses bras, très tard

Elle a goûté le bien-être
Des instants et des lendemains
Elle ne pensait pas au « peut-être »
Elle s'est laissée tenter, vraiment

C'était bon, chaleureux et tendre
Plus besoin de la pancarte « A vendre »
Plus de dettes à payer
Ils étaient loin des douleurs du passé

Ça l'a remplie pendant des heures
Redonné le goût des saveurs
Il a débarqué comme une évidence
Faisant taire toutes ses exigences

Elle se sentait toute petite dans ses grands bras
Elle a senti que c'était bon ce sentiment-là
Elle a souri et savouré
Comme une nouveauté

Puis son visage s'est tu
Plus rien ne s'inscrivait dessus
Hormis la gêne et la tristesse
De prononcer tant d'indélicatesses

Pas prêt, pas mûr, pas décidé
Il n'a pas souhaité l'embarquer
Sur son bateau instable
Risquant de lui faire vivre l'intolérable

Alors il décide de stopper
Ce qui n'a pas commencé
Trop peur de prendre des responsabilités
Qu'il ne saurait assumer

Bouche-bée, elle lui sourit quand même
Il lui plait tellement avec cette gêne
Elle aurait tant aimé entendre autre chose
Pour que s'achève joliment cette prose

Il l'a serré contre lui
Désolé de la laisser ici
Ce bien-être était fait de réciprocité
Pas simple de ne pas l'honorer

Elle était si bien dans ses bras
Ça sonnait juste et sentait bon
Elle aimait ce rythme et ce ton
Si ce n'est pas lui, il lui ressemblera…

« Prête »

Au début, tu cherches tu attends
Tes yeux regardent partout
Tu crois qu'il sera là tout le temps
Ouvrant ses bras pour toi, pour ce Nous

Tes mains tâtonnent la nuit
Parcourant ce grand lit
N'y trouvant que la fraîcheur glacée
De cette place désertée

Tu te retournes dans la rue
Persuadée de l'avoir aperçu
Comme s'il t'attendait au coin
Prêt à te prendre la main

Tu sens ton cœur s'emballer
Pour finalement te brûler
Jusqu'à la plus petite veine
Dans cette quête vaine

Puis lassée, blessée d'espérer
Tu perds l'habitude d'aimer
D'investir cet autre qui ne sait l'honorer
Qui brille par son absence

Mais dont le reflet perd son sens
Tu t'accommodes du vide qu'il te laisse
Peu à peu, refermes ta bulle sur ce qui te blesse
Pour en ressortir un beau jour
Prête à ressentir à nouveau l'amour

Tu relèves les yeux et la tête
Tu sens que tu es bientôt prête
A accepter les regards et les attentions
De ce cher Cupidon...

Les confidences…

J'ai quinze ans et j'adore passer des heures au téléphone le soir, affalée sur mon lit ou sur la moquette, parfois les pieds en l'air sur le mur, parfois mi-assise mi-couchée. J'aime parler des heures avec une voix familière, agréable qui se raconte, qui écoute, qui accepte les silences puis rebondit. J'adore passer des heures au téléphone à se dire tout ce qu'on ne se dirait pas si l'on était en face de l'autre. Un véritable espace d'intimité où personne ne peut entrer, un espace qui n'appartient qu'à nous, qui nous ressemble entre écoute, mécontentement, compréhension, désaccords et complicité. Espace d'échanges intimistes où nos codes sont rois. Un partage à la fois naïf, spontané et si torturé parfois. Cela apaise ce qui nous bouscule, tous ces changements qui s'opèrent en nous, et cela nous protège de ce monde d'adultes qui nous semble si lointain, si incompréhensible parfois. Et qui nous donne souvent bien peu envie de grandir !

Au-delà de ses frontières...

Elle rentre de voyage, elle revient de ses bras, elle en est chargée, je le vois sur son visage, je l'entends dans ses mots et dans tous ses silences aussi. Elle a été heureuse et sa douleur de l'instant est à la hauteur de ce bonheur éprouvé. Le revers de la médaille a un prix ! Elle paie d'avoir éprouvé, espéré, aimé. Cette douleur derrière l'étincelle de ses yeux est la preuve qu'elle est en vie… Pour le meilleur et pour le pire ! Elle me raconte tantôt passionnée, lointaine, tantôt profondément émue. Quand elle revient de son récit, quand elle fait un retour dans la réalité du jour, elle n'est plus là-bas, elle est ici, oscillant entre la sensation d'être remplie et ce vide viscéral que l'absence physique lui impose. Elle est restée dans cet ailleurs pour de jolis moments, elle y a goûté l'apaisement de la distance, de l'éloignement, du dépaysement chaleureux, et savouré le plaisir de la rencontre, remplie d'attention, de cocoon protecteur, de tendresse, de toucher. Cela l'a remplie de bien-être et de sécurité. Elle s'est sentie vivante ! Exister dans les yeux d'un être aimé, n'est-ce-pas ce dont chacun rêve !? Il l'a envahie, l'a possédée, l'a faite sienne, la voulant toute entière. Elle revient un instant de son récit pour me dire qu'elle le recommande à toute femme asséchée sous l'absence de regard, d'attention, de tendresse. Deux yeux, deux mains suffisent largement à combler un être s'ils sont doués de bonnes attentions, d'envie, de volonté, de savoir-faire et de savoir-être surtout. Elle s'est sentie vivante, que demander de plus ? Que cela dure probablement !!!

Cette vie chargée d'inconnu lui a plu, une vie qui serait sous le signe des opportunités, des hasards, des envies, des besoins. Une vie dont elle ne connaîtrait rien à l'avance, dictée par aucune convenance, aucun préjugé. A l'écoute de ses propres désirs et non d'une fatalité. Voilà ce qui l'attire sur ces terres inconnues : la perte de contrôle. Elle aurait eu envie de lâcher prise, de ne pas se laisser freiner, qu'il soit plus fort que ses limites restrictives, qu'il lui donne la force de tout bousculer pour vivre, qu'il la porte au-delà de ses frontières.

« Plus fort que mes résistances »

Je vais te résister bien des fois
Mais montre-toi plus fort que moi
Je vais faire 1 pas en avant et 3 en arrière
Espérant secrètement que tu persévères

Je risque de t'imposer une sacrée cadence
Te donnant l'impression que je refuse cette danse
Même si je te veux bien plus que tu ne penses
Surtout ne te fie pas aux apparences

Montre-toi fort et solide à mes côtés
Parce que même si je t'envoie valser
Ce sera à toi de me rattraper
Pour que je cesse d'avoir peur de me laisser aller

Je vais souvent te donner le contraire de ce que j'éprouve
Avant de pouvoir t'aimer éperdument comme une louve
Je vais longtemps maintenir la distance
Avant de pouvoir libérer mes sens

Ne te laisse pas impressionner
Tiens-moi sans te décourager
Et si je fais preuve de froideur
Ce n'est pas de toi, mais j'ai peur

Je vais te donner l'impression d'être indifférente
Même si je fais tout pour croiser ton chemin
Encore et encore, je regarderai tes mains
Espérant qu'un jour, elles fendent mon armure apparente

Résiste plus fort que moi
Sois patient et positionné à la fois
Pour que je me sente espérée et bienvenue
Dans ta vie, ton cœur, ta rue

Je vais craindre et éviter bien souvent
Que tu t'approches trop vite, tel un animal
Mais je vais avoir peur fortement
Que tu t'éloignes et que ton absence me fasse mal

Je vais avoir envie de tout et son contraire
Tu me trouveras souvent compliquée
De t'imposer toutes ces barrières
Alors même que tu me plais

Mais une fois le cap franchi
La confiance établie
Je vais déborder d'envie
De me donner à toi sans sursis

Sors-moi de ma prison
Sois plus fort que mes démons
Cela vaut la peine de se donner les moyens
Pour que se rencontrent nos deux-mains

Quand mes mots te disent te t'éloigner
Et que mes yeux t'implorent de rester
Ecoute ton cœur et ne me laisse pas faire
J'ai besoin de te sentir solide, fort et fier

Enveloppe-moi de ton affection
De ta volonté, tes décisions
Même si je cherche à maîtriser
J'espère infiniment que tu pourras résister

Y'a tout une couche à faire fondre avec délicatesse
Pour accéder passionnément à l'essentiel
Il faut relever le défi de mes détresses
Pour qu'enfin se déploient mes ailes

Ne t'arrête pas à mes contradictions
Souris devant elles, solide comme un lion
Cela me fait tellement de bien
De te sentir près de moi sur le chemin

Je t'en prie, sois plus fort que mes résistances
Si tu es là, c'est que tu as toutes tes chances
Et même si cela te fatigue parfois
Avoue qu'il te plait ce défi-là !

La facilité est moins enthousiasmante
Et au final ma danse est charmante
Et quand ma tête s'enfuit
Tu sais que mon cœur lui te dit oui

C'est à toi que je m'adresse
Toi que je fuis et approche sans cesse
Conserve ton beau sourire
Je suis une femme, pour le meilleur et pour le pire...

Innommable sentiment de solitude assis au milieu de la foule. Les uns marchent, se promènent, admirent, se touchent, se câlinent, s'embrassent, partagent... Les autres sont les spectateurs attentifs d'une pièce où ils n'ont pas de rôle. Tout le monde n'est pas sur scène en train de jouer, d'autres, comme eux, se trouvent probablement assis dans les rangs, mais ils ne se croisent pas, parce que de ce côté, il n'y a pas de lumière, tout est éteint, il fait sombre. Ils assistent chacun sur leur siège de solitude au spectacle des retrouvailles, des séparations, des complicités, des mains qui se tiennent, des sourires, des souvenirs qui se créent, des robes qui volent, des vies des plus banales aux plus extraordinaires, de celles qui indiffèrent à celles qui touchent. Ils assistent à la vie sans avoir la sensation d'en faire partie. Lorsqu'ils se sentent ainsi hors-jeu, ils ont l'impression de ne servir qu'à mettre en lumière la vie des autres. Par leur regard, l'importance qu'ils leur donnent, les couleurs qu'ils subliment, grâce aux contrastes avec leur brouillard, avec l'ombre dans laquelle ils se figent. Etrange impression d'être en pause, alors que tout le reste est en mode lecture. Ils savent qu'il faut trouver la force de se lever, de se fondre dans la masse, de réintégrer le mouvement. Pour cela, il faut de la motivation, du carburant. Se relever et marcher le plus agréablement possible espérant qu'un jour leur pas s'accordera avec celui d'un Autre naturellement, comme une évidence. Pour retrouver le goût des saveurs et des nuances. Avec une nécessaire patience, ils poursuivent la route quand le courage permet de se relever pour marcher, pour espérer...

Et un jour viendra où ils se réjouiront également d'être en vie, en scène, en selle… et de réintégrer le mouvement !

141

Elle rentre à peine, il fait nuit noire, il est une heure du matin, elle s'apprête à se démaquiller pour aller se coucher. Elle saisit le coton, puis elle entend la porte grincer. Il entre derrière elle, la serre contre lui, la retourne pour qu'elle lui fasse face, puis la soulève pour l'asseoir sur le bord du meuble. Elle est désormais dos à la glace pourtant elle se voit. Et dans ses yeux, elle se voit belle ! Son regard est lumineux, son regard est amoureux. Il saisit le coton qu'elle avait dans les mains et fait le tour de son visage délicatement, il ôte le masque posé par esthétisme pour laisser place au naturel, celle qu'il aime aussi et surtout. Même s'il est fier de ce qu'elle dégage à l'extérieur, il aime connaître cet envers du décor, cette zone d'intimité. Son geste est à la fois sûr et délicat. Elle se sent autant femme que petite fille protégée par sa douceur et ses attentions. Il est là, devant elle à cet instant, à ses côtés dans le quotidien qu'ils savourent et protègent. Toujours doucement mais fermement, il tire sur l'élastique qui maintenait ses cheveux. Ils se délassent au hasard avec souplesse, recouvrant vaguement son visage, il repousse les mèches qui cachent ses yeux tout en caressant son visage. Elle aime chacun de ses gestes, chacune de ses attentions. Elle aime son regard et encore plus celui qu'il pose sur elle : doux, respectueux, amoureux, fier et positionné. Elle a aimé qu'il soit à ses côtés lors de cette soirée et elle aime encore plus qu'il rentre avec elle dans leur vie, ce quotidien qu'ils créent ensemble, une histoire unique, la leur... Ecrite à quatre mains. Elle a les yeux qui se ferment sous sa douceur et la fatigue qui la gagne.

Elle les ouvre avec difficulté et en levant le regard, elle se voit dans le miroir. Le même regard vert profond mais le maquillage a coulé. Elle est seule dans cette salle de bain, seule avec ce mirage au bout des lèvres, au bout du cœur, au bout des doigts… Elle efface les traces, elle s'impose un sourire entre ironie et évitement émotionnel. Elle éteint la lumière, se couche et file rêver un peu…

Qui sait ce que la nuit va lui proposer ?!

« D'un pas assuré »

Elle marche l'air détaché
Le pas sûr et léger
Alternant une expression pensive, intérieure
Et un sourire radieux à ses interlocuteurs

Elle dégage une vive lumière
Certains la cherchent du regard pour lui plaire
Quand d'autres attendent qu'elle soit tournée
Juste pour l'observer

Elle est de celle que l'on remarque
Bien malgré elle, elle met des claques
Elle a le pouvoir du charme
Qu'elle n'utilise jamais comme une arme

Elle fend les airs de son pas assuré
Tout en y imposant la tranquillité
Tout semble lui réussir
Tant elle impose le désir

Tous ces gens qui la croisent
Des filles jalouses aux hommes qui toisent
S'imaginent-ils ce qu'elle ressent
Ce qu'il y a derrière ce regard perçant ?

Un cœur qui bat sans être entendu
Des pensées lancées et qui sont perdues
Un homme l'envahissant toute entière
Et qui si mal la considère

Un homme qui ne la voit plus
Quand vous tombez des nues
Juste en la voyant passer
Juste en la voyant bouger

Si elle marche d'un pas décidé
C'est uniquement pour se sentir exister
Pour ne pas oublier qu'elle a un corps
Et que des gens la voient sans faire d'effort

Vous pensez qu'elle a l'habitude qu'on la regarde
Reprenez-vous quand par mégarde
Vous la jugez si sûre d'elle
Alors que se consument ses ailes

De son pas volontaire elle ne va nulle part
Elle cherche juste des regards
Pour se sentir vivante
Et sortir de la tourmente…

La cohabitation…

Elle est allongée sur le ventre, les cheveux mélangés, une main au-dessus de sa tête, tournoyant une mèche, une jambe pliée passant au-dessus des couvertures. Il fait chaud, elle a du mal à s'endormir... Il la gêne, prend tellement de place. Elle ne peut s'étendre et se mettre à son aise tant il s'étale. Elle lui tourne le dos, elle passe de l'agacement à la tristesse, elle n'ose même pas se retourner, refusant catégoriquement de lui faire face. Non vraiment, pas ce soir ! Il lui arrive parfois d'avoir l'illusion qu'elle s'en accommode, qu'elle s'y fait. Brève illusion qui laisse vite place à la sensation de l'insupportable ! Elle pourrait essayer d'envahir l'espace pour empiéter mais elle n'a pas envie de toute cette place, juste un partage équitable, respectueux, agréable. Et elle n'a plus envie de négocier, trop longtemps qu'elle le fait, allant même jusqu'à trouver des raisons, des points positifs. Trop longtemps que cela dure, elle ne supporte plus.

Trop longtemps qu'elle cohabite avec lui. Lui, ce vide, ce manque. Il y a un énorme espace dans ce lit, elle ne veut pas l'occuper seule. Elle veut sentir une main, une peau aimante, une intention chaleureuse, une nuque, un souffle, un torse, un pied qui enlace, un bonjour, un cou à embrasser, une peau à "empreinter", la silhouette d'un corps à enlacer. Ce vide qui prend toute la place, elle n'en veut plus. Elle voudrait le chasser mais dès qu'elle se met à sa place, il prend la sienne de l'autre côté du lit. Il s'infiltre partout s'en être comblant... Insupportable ! Il lui manque l'essentiel à ce vide, il est terriblement présent mais totalement inhabité. Il remplit très bien sa mission : il est juste vide !

La peur...

— Tu as peur, je le sens ! Tu n'es pas obligée de vivre avec cette peur étouffante, la supporter, la porter et la laisser t'empêcher de vivre...
— Mais pour toi, c'est facile, tu n'as peur de rien !
— Bien sûr que j'ai peur... Peur qu'il en préfère une autre... Peur de me sentir seule à deux...Peur que la maladie revienne frapper à nos portes... Peur de souffrir...Peur de leur absence...Bien sûr que j'ai la trouille ! Je m'évertue à avoir confiance mais tout est relatif, tout fluctue, se renforce ou s'affaiblit au contact de la vie, des événements, des autres ! Mais quoiqu'il arrive, j'essaie de ne jamais perdre de vue mes aspirations, mes essentiels. J'accepte de ne pas être parfaite et que la vie ne le soit pas non plus ! Finalement personne ne nous le demande hormis nous-mêmes peut- être! Et puis je refuse d'être conditionnée par ma peur alors je l'apprivoise, je la questionne, je la bouscule, je la contrecarre... Bien sûr que je doute mais c'est un moteur pour aller vers mes essentiels, pas une excuse pour éviter de vivre !

« Première bouchée »

Tu m'as goûtée, tu m'as croquée
Je sais, je suis pimentée
C'est la vie qui endurcit
Mais à l'intérieur, c'est moelleux aussi

La première bouchée est violente
Mais après coup cela enchante
Une fois les premières phases passées
Tu en redemandes comme un drogué

Tel un bonbon bien enveloppé
Il faut parfois de la patience pour accéder
Et apercevoir toutes les saveurs
Il faut y mettre de la volonté et du cœur

J'esquive, je me baisse, je me cache
Pour comprendre à quelle sauce tu me mâches
Et si tu es capable de savourer
Quand je suis finalement développée

Ton sourire est timide et tes yeux brillent
Je me sens comme une princesse dans un livre de magie
Continueras-tu à écrire et toujours sur le même ton
Quand je t'attribuerai le premier rôle à toutes les saisons
?

Je te regarde faire
J'aime tellement quand tu persévères
Je suis ton évidence, tu y crois plus que tout
Et si mes lendemains avaient un meilleur goût ?

Spectatrice de la pièce que tu m'offres
J'y ai un joli rôle, tu me sors de mon coffre
Tu m'inondes de sentiments
J'espère te retrouver après le tournant...

Un jour sans explication, sans préalable, elle m'a dit « Je pars »… Puis elle est partie affichant un air que j'ai encore du mal à définir. Etait-ce un sourire de satisfaction ou de façade pour masquer l'émotion ? Je ne le sais toujours pas. Je pense parfois qu'elle se moquait de moi et qu'elle était ravie. Puis l'instant d'après, je change d'avis et je suppose qu'elle retenait ses larmes derrière son sourire tendu. En fait, je ne sais rien d'autre que la douleur vive qui m'a envahi, et qui n'était pourtant que les prémisses de ce qui allait suivre. Je suis passé de l'étonnement à l'incompréhension, puis à l'énervement. De quel droit, se permettait-elle de partir ainsi ?! Par fierté, j'ai bien sûr pensé qu'elle le regretterait bien vite. Puis j'ai réalisé jour après jour qu'elle était vraiment partie, et c'est avec force que la véritable douleur, vive et lancinante, est apparue. Appuyée par cette terrible évidence dans le regard de l'entourage. Personne n'a semblé étonné. Elle m'avait quitté et cela semblait logique, évident, prévisible… Pour tous, sauf pour moi, l'heureux élu !!! Rien vu, rien entendu, rien compris !!! Ils n'étaient même pas désolés. Pris d'orgueil, j'ai envisagé que je n'avais pas perdu grand-chose… sauf qu'ils m'ont tous rappelé qu'elle méritait bien mieux ! Elle était là à mes côtés depuis toutes ces années, elle me quittait du jour au lendemain et tout le monde trouvait cela logique et évident ! Mais que m'avait-on caché ? Qu'avais-je loupé ?

Les femmes tombent amoureuses pour bien moins, il est dommage qu'elles doivent souvent s'appuyer sur leurs souvenirs pour pouvoir le demeurer !

Ce jour-là était celui de trop, la cerise sur le gâteau, il était devenu immangeable, à peine présentable. J'ai senti comme une évidence que c'était le moment. J'en aurais été incapable la veille, mais ce jour-là, je le savais, j'allais partir. J'ai fermé mon sac, sans précipitation, le regard vide de trop de larmes versées, un faible sourire crispé pour éviter de tomber dans l'extrême émotion, j'ai tout fait pour ne pas réfléchir, il n'était plus temps de réfléchir, j'allais agir. J'ai mis mon manteau, écarté mes cheveux qui me cachaient les yeux depuis trop longtemps, en désordre, à l'image de mes sentiments si malmenés et j'ai juste dit à son dos (que j'avais eu le temps d'observer de longues soirées !) : « *Je pars* ».

Pour moi, c'était le mot de la fin, pour lui c'était le début. Pas au même endroit au même moment. J'ai beaucoup pleuré pendant qu'il riait. Je n'ai plus de larmes, il va commencer à en verser. J'ai beaucoup parlé face à son silence, il va commencer à le faire alors que je ne peux plus répondre. Pas au même endroit au même moment. Je mourais de sa présence, il mourra de mon absence…

« Perdus »

Quand celle que tu as tant aimée ne se ressemble plus
Quand ses réactions sont bien loin de vos débuts
Quand au lieu d'allumer, elle éteint
Quand au lieu de pleurer, elle se retient

Demande-toi si vous ne vous êtes pas trompés de route
Si le chemin ne tient pas que sur vos doutes
Si elle t'admire toujours autant
Si tes faiblesses ne l'ont pas affaiblie avec le temps

Trouve-t-elle toujours un sens à votre histoire
Reste-t-il des couleurs à côté du noir
Les bons côtés sont-ils assez nombreux
Pour ce « Nous » vous rende heureux ?

Y'a-t-il toujours du plaisir
Ou ne vivez-vous que sur les souvenirs ?
Ce que vous avez vécu et ce que vous rêviez d'être
Ce qui vous a convaincu, il y a trop d'années peut-être

Est-ce parce que l'amour est mort
Ou parce que vous ne vous dîtes plus jamais encore
Vous n'aimez pas ce que vous êtes devenus
L'un, l'autre et ensemble, vous vous êtes perdus

Recherchez ce qui vous rassemble…

Elle aimait ta force, tu aimais sa douceur
Elle aimait ton torse, tu aimais sa splendeur
Elle riait de bon cœur quand elle se sentait chérie
Tu lui promettais le bonheur et adorais ses cris

Redresse ton corps
Intéresse-toi à son sort
Réactive sa beauté
En prenant soin de l'observer

Mets-toi debout, ne te laisse pas porter
Reprends ta place à ses côtés
Elle a besoin de toi, de ta force, ton amour
Cet homme à qui elle a dit OUI pour toujours…

*Ne plus interpréter, supposer ou deviner l'Amour...
Mais le vivre, le sentir, le lire, l'entendre pour se sentir
chaque jour Au Bon Endroit Au Bon Moment...*

Après la conquête, la découverte...

Ils ont dépassé le stade de la gêne, le stade de la séduction où chacun se veut parfait et cache sans le vouloir ce qu'il y a de plus charmant... La véritable essence. Quand chacun se montre sous son meilleur jour, son meilleur angle, ce qui oblige à calculer, à prendre garde, à réfléchir, masquant souvent l'humanité, les véritables qualités. Ils se délectent maintenant parce qu'ils ont passé ce stade, qu'ils se sont vus à tous les moments de la journée, au réveil, au coucher, en pleine nuit, sous tous les angles. Ils ont alors tout le meilleur à découvrir. Dépassé le stade des complexes, ils savourent. Elle aime cette phase où ils ne sont plus des terrains à conquérir mais des terrains à découvrir. Ce stade où ils ne sont plus des étrangers mais où chaque moment passé ensemble rajoute une pierre à leur complicité, à l'histoire qui se construit, cet espace qui est le leur, où ils se sentent plus à l'aise qu'ailleurs, leur espace à eux où il fait bon être. Où toutes gêne et timidité tombent, espace qui rappelle qu'être deux, c'est vraiment mieux. Une jolie part d'intimité qu'ils construisent ensemble et chaque jour qui passe fait tomber les barrières pour ne laisser entrevoir que le meilleur, la vraie partie, la plus tendre, la plus authentique, la plus joliment imparfaite, la plus drôle, la plus simple, la plus réactive. C'est si bon de se sentir bien dans un espace habité par deux êtres qui se rendent la vie meilleure. Sortir vers l'extérieur, le voir reprendre son masque de réserves alors qu'il est si à l'aise et tranquille face à elle. Elle se réjouit de ce qu'ils partagent ensemble et particulièrement de tout cet essentiel qui les anime. Le bonheur est simple quand deux êtres sont si aisément connectés. Loin d'eux ces envies de paraître, ils savent qu'ils se plaisent, ils savent qu'ils sont bien ensemble et cela se passe de tout commentaire, cela se vit c'est tout, aussi simplement que la situation est évidente entre eux. Ces évidences sont belles, elles emmènent dans des profondeurs si agréables. Aucune place aux doutes, aux peurs. Aucun d'eux n'impose de difficultés à l'autre et c'est tellement apaisant. Cette sensation que quoi qu'il advienne, ils avanceront main dans la main et que s'ils ne sont pas privés de douleurs, ce sera pour ce qui les entoure, pas entre eux. Cela change fondamentalement la nature des difficultés. Bien sûr qu'ils se manquent parfois mais ils ne sont pas manquants, la nuance est grande. Unis pour l'essentiel… Pour se faire du bien, pour contribuer à leur bonheur mutuel, pour se rendre la vie meilleure…

La routine...

J'aime la routine où l'on se connaît par cœur tout en restant deux personnes distinctes, être capable de s'anticiper sans être à l'abri des surprises, des imprévus. C'est se sentir deux même lorsque l'on est seul, c'est avoir deux brosses à dents dans la salle de bain, deux noms sur la boîte aux lettres et les cartons d'invitation, c'est se faire conduire à l'allée et conduire au retour, c'est remplir le caddie pour deux avec les saveurs qui font plaisir, c'est mettre une jolie couette en pensant au moment où l'on viendra s'y blottir, c'est faire une machine avec nos vêtements mélangés, c'est faire cohabiter tes jeans avec mes hauts à bretelles, c'est ouvrir la porte et y trouver la vie, les traces de ton passage, le bruit de ton retour. C'est ouvrir un album photo et y trouver deux familles mélangées, des anecdotes à la pelle, des pires comme des meilleures, qui constituent nos histoires. La routine, c'est moi qui sais t'apaiser quand ton esprit gronde, c'est toi qui comprends mes peurs. C'est avoir quelqu'un à attendre et quelqu'un qui nous attend, c'est avoir quelqu'un à aimer et quelqu'un qui nous aime, c'est adoré s'étendre sur le canapé avec nos peaux à proximité, c'est n'avoir jamais l'impression de ne rien faire parce que nous sommes ensemble. C'est adorer l'intimité que procure l'envers du décor quand les masques tombent pour laisser parler le vrai, le profond...

« *La routine* »

J'aime la routine
Ce terrain loin des mines
Ce lieu commun que nous avons construit
Au gré de nos envies

Notre espace à nous
Notre envers du décor
Un endroit tout mou
Une espèce de trésor

Rien à voir avec l'ennui
Des idées reçues et préjugés
Mais une bulle protégée
Des tumultes de la vie

Dans la simplicité et l'honnêteté
Nous créons notre espace
Qui ressemble à nos deux vies liées
Notre empreinte, notre trace

Une composition qui nous est personnelle
Qui se construit au fil du temps
Et où se consolide l'étincelle
De nos premiers instants

Notre routine comme une création
A l'image de notre union
Notre histoire qui prend forme
Sans se soucier des normes

Nos rituels et nos habitudes
Sont les biens précieux
Dans des vies parfois rudes
Où être deux rend plus heureux...

De sérénité et d'envie...

Majoritairement sereine, guidée par mes lumières internes, mes intuitions, mes antennes, j'ai souvent grand plaisir à rentrer « chez moi », dans mon ressenti, ma poésie intérieure, mon rythme, ma philosophie, mon terrain, mon regard. Je m'évertue toujours (et dans la mesure du possible !) à être au plus près de ce qui me correspond, me fait vibrer et me transporte, ce qui fait de moi l'humaine que j'apprécie d'être et dans un rapport au monde qui m'inspire. Je suis alors majoritairement en paix sur fond de passion et d'implication internes ! J'éprouve souvent un vrai soulagement d'être sur ce chemin qui est mien, que je cultive, honore, respecte, enrichis. L'observation de ces quotidiens m'amènent souvent à être heureuse de retrouver ma vie, mes choix, mes émotions fortes... Ou m'inspire pour aller vers, pour cultiver espoir et envie.

Parce que le temps passe, parce que quoiqu'on en dise, il fait son œuvre, et parce que je fais la mienne également, je multiplie mes forces et solidifie mes fragilités. J'accepte que le chemin soit parfois houleux, comme un passage obligé, un passeport vers « ailleurs », vers « autrement ». J'ai beaucoup saigné, j'ai cicatrisé puis à nouveau respiré, souri et ri aussi. Parce qu'il y a un lendemain à tout, parce qu'il y a de la distance, du recul. Parce qu'il y a, c'est tout... Et c'est déjà pas mal !!! Il m'est arrivé de ne plus savoir où aller mais je savais qu'il le fallait avec cette seule certitude qu'il y aurait des lendemains. J'ai bravé les obstacles et mes obstacles. Je suis ce que je suis grâce et également à cause de tout cela, les présences, les absences, les nouveautés et les pertes. J'avance et je grandis chargée de toutes ces choses partagées et également toutes ces difficultés surmontées. Bref, je suis tout simplement en vie… avec mes joies, mes peines, mes bien-être, mes mieux-être et mes fêlures. Une simple humaine qui accepte de l'être et ose le dire sans pudeur, avec la conviction qu'il est beaucoup plus agréable de mettre un pied devant l'autre quand on partage, quand on se parle, quand on se rencontre, quand on se raconte, quand on s'écrit, quand on se lit, quand on existe… Tout simplement, tout humainement !!!

Je n'ai pas de réponse aux questions parce que je crois bien plus aux bonnes questions qu'aux bonnes solutions ! Si d'ailleurs je devais évoquer une solution, ce serait la mienne, celle trouvée au cours ou au terme d'une quête personnelle. Mais elle ne s'imposerait en rien comme une vérité générale qui ne serait que pure illusion. Ceux qui aiment voyager entre mes lignes, apprécient surtout le voyage que cela leur permet de faire en eux, au sein de leurs propres doutes, peurs, découvertes, apaisements. Ils apprécient les questionnements que cela suscite chez eux et le chemin qu'ils parcourent pour eux-mêmes. Chacun le sien, chacun ses chaussures. Je ne marche dans celles de personnes et personne ne marche dans les miennes. En revanche, il nous arrive de nous tenir par la main quand le chemin est sinueux ou pour un peu de douceur. Avec pour seule influence, le sentiment qui nous lie. Et c'est à cet endroit précis que je me sens le mieux !

Quelle que soit l'issue de chacune des actions que je mène, j'éprouve toujours un certain bonheur à la mener, à être là main dans la main avec les gens qui le mènent avec moi. C'est ce partage qui me porte ! L'histoire s'écrit alors ainsi et nous y participons ensemble dans le respect de ce qui nous unit…

« Connectés »

Quand mes yeux s'ouvrent sur vos mots
Quand en appuyant, j'y trouve vos textos
Remplis de sentiments et d'émotions
Mon cœur se serre sous la pression

Du sang qui coule dans mes veines
Si fluide, puissant et tranquille
Quand ce sont nos liens qui nous mènent
A travers ces précieux fils

Dans notre bulle, notre univers
Où l'on partage l'essentiel
Eté comme hiver
Entre la terre et leur ciel

Je n'ai pas envie d'avancer sans vous
Loin ou à proximité
Tels des garde-fous
Nous restons connectés

Dans chacune de mes lignes
Vous existez
Je communique par signes
Et vous me recevez...

L'écriture permet de mettre en lumière ce que le quotidien contraint parfois à cacher. Celui qui écrit, vit d'abord... ou écrit pour vivre ! Chaque personne devient alors un personnage.

L'écriture transcende, elle permet de dépasser toutes les frontières mentales, intellectuelles. Ainsi je peux habiter un homme de quarante ans, un petit garçon de sept ans, en passant par une jeune femme le cœur en fleurs, je peux habiter tous les corps et tous les esprits, me permettant toutes les possibilités. L'écriture, c'est la loi de tous les possibles, la loi de l'absolu... Ce que la réalité ne permet pas ! Elle est notre mémoire individuelle et parfois collective, puis elle est le partage, l'expression, le dit. L'écriture est une trace. Elle rend l'éphémère durable. Fige les instants nombreux, rapides, successifs pour les rendre éternels. Cela dépasse l'individu qui les note, cela dépasse les époques, ça va et emmène au-delà. L'écriture emmène partout, sans limite, sans contrainte. Voilà pourquoi même quand elle reflète la réalité, elle n'en est pas totalement une et c'est très bien ainsi. Le temps qui passe joue parfois des tours, le souvenir n'est jamais totalement fiable. Notre mémoire réécrit chaque jour des passages de l'histoire. Impossible donc de garantir la véracité des faits, mais je vous propose les souvenirs que j'en garde.

Ces lignes sont le fruit de détails, de minimes instants de vie... Quelques heures, quelques jours, parfois quelques minutes seulement et pourtant déterminants, constructifs, révélateurs, marquants... Telle une empreinte ! Des instants « empreintés » à jamais. De brefs instants de poésie au milieu du quotidien. J'avance toujours les sens grands ouverts sur les détails ! Ces étincelles marquantes et porteuses d'essentiel... Ces lueurs qui éclairent !! Et je les note ici et là pour ne pas les oublier et surtout pour les partager. C'est une quête de liberté, celle de vivre parfois autrement, à mon image, dans le respect de ce que je suis, de ce que j'éprouve. J'ai senti très vite que la destination proposée ne me correspondait pas. Comment le savais-je ? Observation et intuition ! Le bocal me semblait trop étroit et l'eau pas si pure. Alors je me suis créée ma propre destination tout en respectant les grands codes communs qui régissent la vie collective ! Je m'occupe de ma vie « individuelle », singulière pour mieux accueillir et respecter le « mutuel » avec ses droits et ses devoirs.

Ma vie est-elle plus extraordinaire qu'une autre ? Je ne le crois pas. Mais le regard que je pose dessus l'est probablement. Sensible, précis, précieux. Il est ma fenêtre ouverte vers ailleurs, il est ce qui me relie à l'extérieur, le lien entre ma poésie interne et celle qui m'entoure parfois de courts instants !

Ce livre est un livre de rencontres. La poésie est partout quand on a les sens assez aiguisés pour la percevoir. Les sens sont alors les projecteurs qui la mettent en lumière ! Mes lignes sont vivantes… Elles sont posées ici entre autre, mais elles ne sont pas figées… Elles vivent encore, elles sautent, s'agitent, éprouvent, cognent ou caressent sous vos regards et vos propres ressentis ! Le rythme, c'est vous qui le donnez, au gré de vos humeurs, de vos envies, vous lisez doucement, épisodiquement, d'un trait, impatiemment. Ces lignes sortent de ma plume mais deviennent vôtres dès que vos mains tiennent ces pages, dès que vos yeux parcourent ces mots, dès que vos ressentis rencontrent les miens.

La vérité, celle que nous voyons de nos yeux, celle que nous portons en nous, que nos filtres interprètent, peut se montrer magnifique mais également brutale ! Brutale à voir, à recevoir, à dire, à entendre, à montrer, à donner. Brutale pour les autres et bien souvent également pour nous-mêmes ! Ces lignes sont alors parfois brûlantes, parfois douces... Toujours authentiques ! En simple symbole de ma vérité, celle qui m'habite, celle qui me guide, qui m'accompagne. Elle est mienne et vous vous faites la vôtre dans le respect des individus que nous sommes, parfois similaires, et parfois si différents...

« La beauté est dans les yeux de celui qui regarde »
Oscar Wilde

« Êtres de langage »

Les mots sont bien plus que des lettres
Ils véhiculent une quête
Accompagnant les émotions
Porteur d'une volonté, d'une intention

Ils forment un message
Créant ainsi le passage
Entre ma plume et votre être
Pour que l'émotion puisse paraître

Mes mots arrivent avec le sourire
Bienveillants, enveloppants
Parfois violents
Miroir d'une réalité qui fait parfois frémir

Ce sont bien plus que des codes impersonnels
Il y a de moi dans chaque parcelle
De ce puzzle que nous construisons ensemble
Et qui, bien honoré, nous rassemble

Le silence relationnel est un affront
Que je relève longtemps avant de le laisser au fond
J'aime le délice des échanges, des mots et des regards vivants
Quand les connections se font à l'abri des absents

Ceux qui oublient de répondre à cette humanité
Qui ne savent ni prendre ni donner
Vivant en huit clos dans leur ressentis isolés
Coupant l'accès à ces instants partagés

J'aime les êtres de langage que nous sommes
Quand notre corps tout entier se donne
À la communication, au partage
Nous rappelant que nos sens sont en éveil
Si l'on ouvre notre cœur, nos yeux et nos oreilles...

Tous vos Mots reçus et tous vos regards qui brillent me rappellent pourquoi je partage mes lignes. Parce que cela fait du bien, parce que cela connecte les êtres à de précieux essentiels. Ce n'est pas par impudeur, mais pour rendre l'intime universel, pour se rappeler que malgré toutes nos différences, nous sommes communs sur bons nombres d'émotions et qu'il est vraiment bon de se sentir unis autour d'elles. Je n'adhère pas à l'isolement moral, mes mots tentent de l'éloigner en créant du lien.

Des pauses au milieu de ces tourbillons de vie...

Ecrire et être lue est une magnifique expérience. Suite à mes deux premiers livres, j'ai reçu et reçois encore des lettres bouleversantes. Ils me font souvent perdre les mots tant l'émotion est intense.

Très sincèrement MERCI d'oser vous exprimer à votre tour et de me faire bénéficier de l'émotion qu'ils transportent...

« As-tu une plume ou un pinceau entre les doigts? Les tableaux que tu dépeins sont beaux et justes. Merci de nous faire partager ces moments rares de nos jours, je ressens de la douceur, du bonheur et de l'amour, agréable moment »

« Le génie vient d'en haut et le talent nous regarde et à la lecture de ton écrit le génie se distille avec bonheur en chacun de tes mots... »

« Très jolie calligraphie, au service d'un sentiment sensible, tendre et fort à la fois. La précision et la beauté des images préviennent toute naïveté, seule subsiste ta conviction, contagieuse ».

« Joli, touchant ... comme d'hab... j'adore... te lire est si simple et enrichissant à chaque fois. Il y a une liberté de compréhension et d'imagination ... qui me laisse sans voix. Une ouverture vraie ... à la vie ... si compliquée soit elle »

« Tu as ouvert un aspect, une réflexion en moi qui n'est pas anodine et je t'en remercie profondément. Ainsi que pour cette magnifique Ode... »

« C'est par curiosité que j'ai découvert un petit bout de ton univers et c'est avec un réel plaisir que je retourne m'y promener... C'est une niche de sensations chez toi ! J'apprécie cette douce plénitude qui s'évapore en continue, un peu comme un voile dont on se pare spontanément en entrant ! Et dont on garde les coins serrés autour du cou pour accepter d'être enveloppé»

« J'aime ton optimisme ! Tu as l'art d'enjoliver le banal, de donner une importance à l'insignifiant »

« Vos livres sont arrivés à destination, la destination du bonheur. Je découvre page après page comme on déguste un bonbon légèrement acidulé, lentement au début car ça pique un peu et ensuite on en dévore le cœur sucré ! Un régal... je me sens comme un électron tout excité dans un

champ magnétique. Vous êtes fascinante de profondeur et de fluidité »

« Etre une architecte de l'échange, quelle belle vocation. Chacun puise dans la lecture de tes textes une part de sérénité et de force pour s'insérer dans le quotidien, une part de paix aussi, à partager à notre tour avec d'autres»

« C'est la première fois qu'un bouquin me bouleverse autant ! Toutes ces questions que cette petite "tête penseuse" se pose et qui bouscule nos préjugés et notre confort quotidien. Cesser de se mentir pour être soi-même, cesser de rêver sa vie mais plutôt vivre ses rêves ! Wouaah c'est puissant et ça ne me lâche plus ! Je ne pensais pas qu'un être humain "adulte" pouvait être si pur et si intègre, fidèle à ses idéaux et à lui-même! Ces efforts déployés, ces coups encaissés, ces peines étouffantes font aujourd'hui de cette adulte, une femme unique et divinement entière ! Bravo, si ce bouquin, miroir de ta façon de penser, reflète ta façon d'être et de te mouvoir, ne change surtout rien Alexandra, tu dois être une femme, une amie, une amante, et un jour une maman merveilleuse ! »

« Tu es un ange bleu, venu sur terre pour soigner l'âme de ceux qui se laissent approcher par tes mots. Tu m'as ouvert une porte, à moi de faire le chemin. Ta poésie touche l'âme humaine en profondeur. Tu es une belle rencontre. Tu es comme un guide vers d'autres possibles. Ton écriture est libre et efficace, intime, pleine de vie. Ta sensibilité, ta pertinence, ta simplicité éclairent des situations tellement réelles que très souvent, j'ai l'impression que tu parles de

moi. Tu as cette grandeur d'âme de faire échos chez l'autre en partant de ta propre humanité et c'est très généreux. Tu es une « simple humaine » dis-tu, je rajouterai « avec quelque chose en plus ». Tu pourrais garder cette lumière en toi pour éclairer ta propre voie. Toi tu as cette volonté de partager cette lumière qui est en toi pour nous aider à sortir de la pénombre… Merci »

« Je suis encore toute émue. Tu as le don de dire les mots, de les écrire, de nous faire ressentir les sentiments les plus émouvants. Merci. Tu es une fée. Merci de si bien nous aimer et de si bien le dire » (Mon Ange d'ici-bas)

« Tu existes sans étouffer les autres, au contraire en insufflant ta tolérance, ta simplicité, ta douceur, tu invites aussi les autres à se livrer tels qu'ils sont, sans artifice… Tu ne juges pas tout simplement »

« Tu mets en mots des ressentis, des idées, des pensées, ça m'a aidé à les sortir de moi, de ma tête pour y voir plus clair, ça a un aspect bénéfique, purifiant (…).Je te souhaite de pouvoir continuer à écrire, pour toi, pour nous, que tes pensées, tes mots aident des âmes qui pourraient se sentir seules »

Très sincèrement… MERCI à Vous…

TABLE DES MATIERES

Achevé d'imprimer le 1er mars 2010

Republié en 2021 via Amazon.

© Copyright Alexandra Rhein, tous droits réservés